ZUN

amnéris maroni

cão farejador

ensaios sobre jung e simondon

7 **Agradecimentos**

9 **Apresentação**
Carolina Cantarino

13 **Prefácio**
Mauricio Santos

21 Com a palavra, o cão farejador

31 Rastreando com o faro aguçado

41 **1. E se Jung tivesse aceitado a generosa mão paterna de Freud?**

87 **2. O processo de individuação em C. G. Jung (à luz de Gilbert Simondon)**

155 **3. Por que insistir em Jung e Simondon?**

169 **Referências bibliográficas**

A todos os que se individuaram e me narraram algo desse processo que até então, para eles, não tinha nome. Li nos olhos dessas pessoas a perplexidade e então passaram a me fazer companhia.

Agradecimentos

Agradeço aos meus queridos companheiros que compõem com Gaia, particularmente Diogo Soares de Oliveira, Alisson Louback e Viviane Brito. Palpitaram, leram, celebraram e criticaram esse doce cão que trago agora a público.

Viviane Brito, cientista social e psicoterapeuta, me ajudou muito na pesquisa e na composição deste livro.

Apresentação

Carolina Cantarino

Uma pergunta ensaia uma associação improvável: e se Carl Gustav Jung e Gilbert Simondon estivessem juntos em pleno século XXI? O que poderia nascer desse encontro? Um acontecimento!

Essa é a criação fabulosa de Amnéris Maroni na experimentação arriscada neste ensaio. Décadas de convivência com a obra do psiquiatra suíço permitiram à autora ler os sinais da presença de Jung em Simondon e, ao mesmo tempo, criar uma nova existência para Jung com Simondon. A extemporaneidade de Jung em relação ao seu próprio tempo tornou possível um Jung contemporâneo na companhia do filósofo francês.

Quem intui esse encontro impensável, na verdade, é o cão que nos recebe logo nas primeiras páginas do livro, antecipando que a relação entre Jung e Simondon será tecida a partir das ressonâncias intensivas entre eles, num chão comum farejado entre suas obras: a individuação.

Ela deixará de funcionar como um conceito apaziguador da experiência ao se referir a um indivíduo já individuado, para se transformar na invenção de novas possibilidades existenciais. Com essa nova perspectiva, podemos abandonar o mundo aristotélico que percebe somente a realidade individuada em identidades acabadas que desejam coincidir o tempo todo consigo mesmas. O processo individuante nos permite um outro movimento: uma contínua diferenciação de si.

A gramática contemporânea torna-se então a formação sem forma, um incessante nascer, morrer e nascer novamente: adaptar-se e desadaptar-se, regredir e progredir, dissolver-se e cristalizar-se continuamente, por vezes atravessando um violento desamparo e a solidão de quem precisa criar e recriar vínculos e afetos quando tudo parece impossível. Quem se individua precisa ter fé, nos diz Amnéris, ter confiança nesse movimento que é constitutivo da própria vida.

Em nome do direito à diferença de si como movimento vital e imanente, a autora não irá poupar a psicanálise que empobrece e simplifica as experiências individuantes para que elas se encaixem nas teorias disputadas entre as escolas psicanalíticas para validar suas doutrinas.

Será preciso então retomar o gesto dissidente de Jung em sua ruptura com Freud ao recusar sua paternidade que quer fazer dele herdeiro da psicanálise. Jung rompe com Freud ao optar pela primazia da energia psíquica em sua força criadora em vez da centralidade dogmática da sexualidade e do complexo de Édipo na constituição psíquica e no desejo.

Essa recusa trará diversas consequências políticas que serão exploradas no livro, dentre elas, as possibilidades abertas por Jung com sua ênfase na energia psíquica como rizoma ou campo energético – que Simondon nomeia como realidade pré-individual ou metaestável – do qual emergem os processos de individuação humanos e mais-que-humanos que, virtualmente, conectam todos os seres da Terra, vivos e não vivos, num fundo comum a tudo que existe, nos oferecendo a visão de um mundo diferente da ontologia dualista e antropocêntrica da modernidade.

Com Jung e Simondon, Amnéris Maroni também atualiza uma teoria do conhecimento que valoriza a descrição de processos individuantes. Nada mais contemporâneo, já que a descrição de individuações pode vir a compor com as epistemologias que valorizam os conhecimentos produzidos de modo aterrado, os saberes localizados e corporificados. Essas abordagens relacionais buscam combater as abstrações generalizantes e a aplicação de conceitos que se querem universalizáveis, bem ao gosto do Capital, do Estado e da Ciência que reconhecem somente o conhecimento que valha para toda e qualquer situação. Ou seja, um conhecimento desconectado das circunstâncias e dos corpos, pairando de modo adoecido sobre o mundo sem se vincular afetivamente a ele. É nesse momento que o cão farejador trança nossas pernas para nos convidar a estar ao rés-do-chão, produzindo conhecimentos irreproduzíveis, valorizando as singularidades.

Amnéris seguirá entrelaçando individuações numa escrita ensaística que pensa por livre-associações entre a antropologia, a filosofia, a literatura, episódios autobiográficos, sincronicidades, sonhos, além de estar afetada pelos processos de individuação que pode testemunhar como psicoterapeuta em seu consultório. Nada mais junguiano, considerando-se a valorização dos diferentes modos de conhecer que levaram Jung das religiões à alquimia e que o tornam, mais uma vez, contemporâneo de um mundo que valoriza a pluralidade epistêmica.

Nesse mundo é que queremos viver, nesse mundo que este livro faz existir.

Campinas, maio de 2024

Prefácio

Maurício Santos

Já de início, é preciso compreender o que Amnéris Maroni faz neste livro; entretanto, para não entregar muito rapidamente esse objetivo que ela certamente cumpriu, ponto por ponto, esquina por esquina, travessia por travessia, com a elegância e a alegria de um passeio conduzido pelo requinte e exatidão do faro de seu personagem conceitual, eu escolho a via negativa. Este não é um livro de teoria, embora haja muita e muito boa teoria aqui. Este não é um livro de teor especulativo, embora as hipóteses, muito bem embasadas, sejam o fio invisível que o fazem caminhar por suas encruzilhadas e pontes. Este não é um livro de psicologia, de filosofia ou de antropologia, mesmo que em vários momentos seja tudo isso, para logo depois deixar de sê-lo. Este, por fim, não é um livro "de", não é um livro "sobre", e é aqui que nos aproximamos da compreensão possível do texto que temos em mãos.

Amnéris não quer apenas explicar, mesmo que faça com rigor as conexões conceituais necessárias, com a sofisticação de alguém com décadas de pesquisa nas ciências sociais e na psicologia. A autora deseja apresentar à leitora e ao leitor a verdade do (e não sobre o) movimento de individuação e como ele se apresentou para ela, não apenas como ideia, mas como experiência da vida e na vida. Para isso, ela contou com outras e outros pensadores, especialmente Carl Gustav Jung e Gilbert Simondon.

Jung produziu a sua obra a partir da sua própria experiência de individuação, e Amnéris nos lembra desse fato fundamental a cada quadra. As explicações, comprovações, sistematizações estão à disposição ao longo das páginas, mas trata-se, acima de tudo, de descrever as suas próprias individuações vividas. E como se faz isso? Farejando atentamente, perseguindo pistas, investigando variações, aprendendo a reconhecer diferenças produzidas, para que outras se produzam.

A autora cultivou desde muito cedo em sua vida a relação com o cão farejador e, seguindo uma das mais arrojadas propostas de Jung, jamais chamou o seu personagem conceitual ou, quem sabe, o seu devir-animal de intuição ou outro conceito psicológico qualquer; em vez disso, conversou com ele, aprendeu com e sobre ele, deixou-se guiar pelo seu faro, admirou-o e em alguns momentos foi obrigada a contar com o seu *ego* para contê-lo, ou melhor, dosá-lo, também lançando mão da sua experiência na universidade e fora dela. A autora não sacralizou a presença do cão farejador, mas sim compôs com ele, como se deve fazer quando se sabe que dar dignidade ontológica ao inconsciente e suas figuras é aceitar a sua autonomia, numa experiência imanente que deixa expressar, para além de seus talentos, até mesmo nas suas peculiaridades e deformações.

Contra a solidão, a dedicatória do livro é reveladora: "A todos os que se individuaram e me narraram algo desse processo que até então, para eles, não tinha nome". A autora viveu as suas individuações com um sentimento inicial de solidão, mas percebeu que aquele era um caminho impossível para ermitões e solipsistas. Mesmo as míticas caminhadas pelo deserto não são solitárias como podem parecer; houve até quem encontrou o diabo para lhe fazer companhia e propostas tentadoras. Que desamparo é este de um filho que sabe que o pai o vê e o ouve o tempo todo? Sempre se fala a alguém, sempre se escreve para alguém, não existem solilóquios a não ser nos devaneios opacos secretados por um corpo em momentos de impotência; até o silêncio presta homenagens, mais ou menos ocultas, na sua escolha por abandonar as palavras. O grão inicial de desamparo revelado pela autora logo se transforma na alegria potente da busca concretizada dos encontros de outras e outros seres, indivíduos-individuantes e, mais ainda, nos amigos que conseguem estar conscientes no processo individuante, que olham para ele, que falam sobre ele, que o descrevem.

O cão farejador gosta de atravessar fronteiras, gosta dos cheiros híbridos que encontra, ele jamais seria um guardião dessas fronteiras nem um purista. Esse cão não usa coleira e muito menos focinheira, não obedece ao que é humano e desdenha daqueles que amam as castrações e as interdições disfarçadas de teoria. Ele rosna e se afasta das concepções que pretendem reafirmar e repetir práticas há tempos moribundas e que só demoram mais para morrer e renascer sob outra forma, justamente porque há quem tema a Diferença, como tão bem denunciaram Deleuze e Guattari.

O cão farejador fareja de longe o odor daqueles que pretendem roubar o amanhã, que defendem a guerra, que idolatram o um. Ele nos mostra, e nós podemos nomear o mal que os habita: os microfascismos, que fazem com que muitos temam e fujam das individuações, como se isso fosse possível, enquanto pretendem conferir às suas verdades provisórias e às suas perspectivas frágeis um tom de eternidade e exclusividade, tristemente apegados ao erro de que são apartados de Gaia, de que são indivíduos prontos, isolados e atomizados, capturados por uma concepção de liberdade negativa que confunde o ilimitado com o irrazoável. Contudo, o cão farejador passa rapidamente por estas pequenas poças de águas paradas e turvas e se dedica com afinco a tudo que é plural, à verdadeira natureza das fronteiras, que é da ordem do flexível e do movente, que se desfazem e refazem a todo momento. Se o cão farejador tivesse um dono a guiá-lo, o que não é o caso, seria o devir, pois é a ele que entrega a potência distintiva e inventiva do seu faro que, de certa forma, produz o próprio chão que fareja.

A individuação das ideias de Jung por Simondon, fio condutor das discussões deste livro, deve ser explicado a partir dos eventos dos anos 1910, que levaram ao afastamento de Jung e Freud, na medida em que Jung negou-se a ser o príncipe herdeiro da psicanálise e não aceitou Freud como figura paterna. Aqui está um dos insights mais poderosos do texto de Amnéris no que diz respeito às questões históricas tratadas por ela para que pudesse avançar no seu objetivo mais amplo: estarmos aptos a pensar as individuações no século XXI. A Jung não interessava a lealdade cega que lhe pedia Freud, assim como lhe pediu o seu próprio pai décadas antes; também não lhe interessava a fé nos dogmas psicanalíticos porque ele, Jung, fora criado por um pastor e aprendeu a valorizar o livre pensar. Os pedidos de Freud, assim como a sua presença, acabaram por ressoar o antigo conflito com o seu pai. Afastar-se dele e da psicanálise seria a única solução, e foi esse acontecimento que levou Jung à vivência de uma violenta regressão da libido, que marcaria toda a sua obra subsequente.

Do ponto de vista teórico e filosófico, Jung não chegou à psicanálise como um neófito, ele já tinha reconhecimento e uma obra inicial e era a priori um perspectivista, um pensador plural, genético e não representacional. Havia já um idioma pessoal muito singular que se constituía a partir de suas experiências e de seu pensamento e que não caberia na psicanálise de então. Seguindo a tradição romântica, Jung sempre pensou o indivíduo como "fruto" da sociedade, da cultura e da política. A autora sugere que a máquina antropológica descrita por Agamben já se fazia presente na dogmática psicossexual da psicanálise, cada vez mais em choque com a concepção energética da psique que Jung descobrira e que pedia mais amplitude ontológica e, principalmente, um pensamento da individuação.

O trabalho impressionante e inovador que Amnéris faz ao identificar quais textos e trechos da labiríntica obra de Jung inspiraram Simondon nos permite compreender a razão que faz de Jung um grande aliado do filósofo francês da individuação: o ser individuado é sempre uma fase da individuação e deve ser entendido a partir de sua dinâmica individuante, e não o contrário, ou seja, o que há é individuação, o que há é devir. A individuação é a única constante, é ela que produz o ser, isto é, não se trata de um ser-essência que passa por individuações como alguém que troca de roupa, mas mantém inalterada a sua forma. A individuação é justamente o processo de perder a forma na dança ontológica interminável e transformadora da desadaptação e da readaptação em outros termos.

Amnéris nos conta que foi constituindo seu próprio estilo, mostrando-se à medida que foi escrevendo seus livros. Sem dúvida nenhuma, o Cão Farejador individuou o seu livro anterior, *Vestígios*, que já anunciava este híbrido de descrição autobiográfica e teoria, a ponto de criar um gênero textual polifônico, no qual se tornam indistinguíveis os *topoi* que o constituem. O Cão Farejador é um texto que pulsa, um texto vivo que é capaz de afetar e acoplar-se às individuações de quem, como ela, e este é o meu caso, busca amigos individuantes em tempos de Antropoceno.

Cada vez mais desencaixada dos estereótipos e clichês identitários das tradições psicanalíticas, Amnéris, leal ao melhor de Jung e Simondon, deixa de lado uma clínica dos conceitos, uma clínica intimidada e restrita, e propõe no seu lugar uma clínica "bussolada", em que o norte deve ser a individuação: aprender a reconhecê-la, aprender a ouvi-la, aprender, sobretudo, a valorizá-la. Essa clínica, contudo, também é uma clínica do pensamento e não incorre nos equívocos do espontaneísmo e da ingenuidade crédula, por isso a autora nos apresenta o que ela chama de "confetos", uma contaminação dos conceitos pelos afetos e vice-versa.

Não posso deixar de dizer que as notas do livro são uma dádiva à parte a quem queira aprofundar a leitura e buscar mais explicações, assim como as fontes das afirmações e discussões, além de algumas interpretações da autora. Às vezes, pode parecer que temos um outro livro dentro do livro. A leitora e o leitor perceberão a presença de muitas exclamações ao longo do texto, então é preciso dizer que essas exclamações são o resultado de quem cultivou interrogações sistematicamente, de quem ficou com o problema, como ensinou Donna Haraway, de quem levou essas interrogações, dúvidas e problemas até a sua máxima intensidade, para, finalmente, conseguir dissolvê-las e coagulá-las. As exclamações coaguladas de Amnéris são fruto de um longo trabalho e convidam a leitora e o leitor a senti-las, pensá-las e alegrar-se com elas, como experiências e como, talvez, elementos individuantes na composição de seu próprio movimento. A quem tiver coragem.

Porto Alegre, outubro de 2024

Com a palavra, o cão farejador

O cão farejador é um cachorro velho, cheirou becos e palácios e foi desenvolvendo suas habilidades. É parte da minha mente, mas diferenciou-se dela e volta, cá e lá, a integrar-se nela. Diferenciar uma função da consciência leva muito tempo, às vezes uma vida inteira.

Nasci com o cão farejador um bocadinho forte e não me lembro de ter tomado uma única de-cisão sem ele. Tem uma forma de expressão própria – sonhos ou insights – que não raro me atropela e pede passagem. Acabei por diferenciá-lo e refiná-lo. Para assuntos do cotidiano e também intelectuais, o cão farejador está sempre lá, firme.

Devo-lhe este livro; sem o cão farejador diferenciado seria simplesmente impossível tê-lo escrito. Cheirando sofregamente, me ensinou caminhos, aproximações e distanciamentos. O cão farejador ama cheirar as fronteiras, adora cheiros até então não cheirados, porque são cheiros novos, hibridizados, cheiros únicos, de fronteiras que se fazem e refazem. São esses cheiros não cheirados até então que lhe permitem, quando levanta a cabeça, cheirar a direção dos ventos, farejando forças vivas futuras, abraçado na imaginação.

A razão tem problemas com ele; em um primeiro momento, simplesmente a razão o desprezava, na habilidade dela de tecer, ou melhor seria dizer, operar conceitos. Dona do mundo, a razão se dizia então. Frente ao domínio da razão, o cão farejador vivia na espreita, indicando caminhos e cheirando o chão. Até que a roda girou a seu favor e sua diferenciação não pôde mais ser ignorada pela própria razão. Tornou-se então rei da minha psique também para os escritos intelectuais que cá e lá me acometem. Com a sua realeza, o cão farejador submeteu, por um tempo, a razão a seu poderio. Até que finalmente fizeram uma dupla, julgo eu, maravilhosa. Ele continuou cheirando o chão e os ventos, e ela labuta infinitamente para contentá-lo, operando conceitos.

O cão farejador cheira o chão e o vento ao mesmo tempo, e não sei como ele consegue fazer isso; quando paradoxalmente faz esses dois movimentos, o cão farejador colhe utopias. Muito diferenciado e contemporâneo, sabe que o futuro pertence ao futuro, que está se fazendo e não pode ser anunciado. Sempre cheirando, o cão farejador é exímio, porém, na leitura dos sinais, do devir e da utopia colhida rente ao chão.

Uma vez me disse, através de um insight, que se alimentava de estados de tensão, e que esses estados eram espécies de raios que o guiavam. Vive de tensões, e por isso gosta muito das fronteiras. Tensão máxima, abertura de novos caminhos, um cheiro bom, cheiro hibridizado.

O cão farejador tem uma ambição: ser engraçado e produzir afetos novos. É possível uma ciência engraçada? Um conhecimento-riso? Admirador de Bruno Latour, o cão farejador gostaria que, na leitura deste livro, o leitor risse. Um dos artigos mais engraçados do antropólogo recém-partido é sobre Gaia. O título do seu escrito já provoca riso: "Como ter certeza que Gaia não é uma deusa?".[1] O escrito de Latour enlaça o leitor no seu riso. O antropólogo se diverte sozinho, ri das suas próprias piadas. E rimos com ele, eu pelo menos, com as tiradas dele para nos fazer rir. Até que ficamos grudados no artigo pensando: até onde ele vai com Gaia?! O cão farejador adora Latour e tenta copiá-lo. Verdade que não tem lá muito sucesso e, quando lhe digo essa verdade, o cão retruca: estou só no começo! E reconheço que isso é verdade, fazer rir é uma habilidade nova, recém-conquistada desse cachorro atrevido. É a maneira dele de conquistar o leitor, ofertando, pelo riso e pelo humor, afetos novos, aqueles que vêm da hibridização das fronteiras. Não tenham dúvidas de uma coisa: a hibridização das fronteiras é materna e feminina e é contra o Nome do Pai!

Balançando para cima e para baixo, o cão farejador é flecha e, por isso, penso eu com o meu ego, adora dar spoiler. Eu ajoelhei e pedi a ele que desistisse dessa ideia. Emburrado, me disse NÃO e exigiu o spoiler nas primeiras páginas deste livro. É um pedido difícil abrir o item "considerações finais" no início do livro. Quem nos compreenderá?

---

1 Bruno Latour, "Como ter certeza que Gaia não é uma deusa: Com atenção ao livro de Toby Tyrrell sobre Gaia". In: Déborah Danowski, Eduardo Viveiros de Castro, e Rafael Saldanha (Orgs.), *Os mil nomes de gaia: Do Antropoceno à idade da Terra*. Rio de Janeiro: Machado, 2022.

Primeiro, disse ele, vamos falar do Antropoceno, do fim de um mundo que teve como estrela o ser humano. Esse tipo de humanismo que vem se desenhando desde a Grécia Antiga foi também chamado de antropocentrismo, e foi construído passo a passo. Giorgio Agamben chama essa construção de "máquina antropológica" – ciência e filosofia são peças-chave na construção dessa máquina que separou o ser humano de todos os demais seres vivos, sempre buscando responder à questão: o que é próprio do homem?[2] Os estudiosos não têm um consenso sobre quando o Antropoceno, essa era geológica que tem no homem o fator de interferência na dinâmica de Gaia, começou. E, todavia, o que chamamos Antropoceno nos permite hoje compreender por que as fronteiras tremem. Parece-nos que foi de repente – de fato não foi! – que passamos a não ter amanhã. Estávamos convictos que "amanhã seria melhor", como o progresso desde o Iluminismo insiste, e, de repente, já não temos mais amanhã, a catástrofe já aconteceu e resta-nos frear a estranha carruagem que segue adiante como se mundo não houvesse. Não falamos muito disso, negamos o que está acontecendo, mas sentimos. E esse afeto, o roubo do amanhã, é um dos motivos do estremecimento das fronteiras, produzindo cheiros hibridizados. Segundo esse cachorro atrevido, deveria – e vejam que obedeço! – começar assim este livro. Abrindo o jogo logo de cara... "Se apresentarmos essa simples ideia desde o início, todos nos compreenderão" – profetizou o cão.

---

[2] Giorgio Agamben, "Máquina antropológica"; "Antropogênese". In: *O aberto: o homem e o animal*. Trad. de Maria de Lurdes Sirgado Ganho. Lisboa: Edições 70, 2012.

As fronteiras dos humanos em relação aos demais seres vivos, as fronteiras entre os diferentes povos, as fronteiras entre os sexos; todas elas estão cambaleantes, bêbadas, se abrindo e se confrontando, e, por isso, novos cheiros são perceptíveis. A antropologia dá um nome para o que está acontecendo: conflitos ontológicos, e por ontologia compreende os diferentes modos de existir e de diferir; são esses modos, essas diferentes ontologias[3] que estão em conflito, permanente conflito, altamente tensionadas; as fronteiras estremecem e liberam o novo, que, paradoxalmente, pode ser muito velho. O que já não pode ser suportado, e isso quem nos conta é o cão farejador, é o Nome do Pai ocidental, aquele mesmo vislumbrado por Sigmund Freud em *Totem e tabu*.

O cão farejador é um anarquista irrecuperável e irreverente, é contra o Um e por isso acha muito importante, muito embora temeroso, o estremecimento das fronteiras. Lembro sempre a ele que todas as psicanálises, já há um século ou

---

[3] Os antropólogos contemporâneos (Mauro Almeida, *Caipora e outros conflitos ontológicos*. São Paulo: Ubu Editora, 2021; Eduardo Viveiros de Castro, *Metafísicas canibais: Elementos para uma antropologia pós-estrutural*. São Paulo: Ubu Editora, 2018; Philippe Descola, *Para além de natureza e cultura*. Trad. de Andrea Daher e Luiz César de Sá. Niterói: Eduff, 2023; Id., *Outras naturezas, outras culturas*. Trad. de Cecília Ciscato. São Paulo: Editora 34, 2016; Marylin Strathern, *O efeito etnográfico e outros ensaios*. Trad. de Iracema Dulley, Jamille Pinheiro Dias, Luísa Valentini. São Paulo: Ubu Editora, 2018; e muitos outros), em cuidadosos trabalhos etnográficos, trouxeram à tona múltiplas ontologias e, com elas, múltiplos estatutos de realidade. Defendem também a "autodeterminação ontológica" desses coletivos e, então, os conflitos ontológicos e o faiscar de sentidos que daí advêm. Apreciam, ao mesmo tempo, o efeito reverso do pensamento desses coletivos sobre a antropogênese do Ocidente. Essas proposições ficaram conhecidas na literatura antropológica das últimas décadas como "virada ontológica" e seu potencial político é atribuído a Eduardo Viveiros de Castro.

mais, trabalham no sentido de fortalecer, enriquecer e polir as fronteiras (o dentro e o fora; o interior e o exterior; o consciente e o inconsciente). Um exército de psicanalistas, guardiões das fronteiras, não admite transbordamentos. Cuidam dos recortes precisos, edipianizando o mundo todo, condição, dizem eles, da democracia dos povos e de suas fronteiras instituídas. Amam as interdições, as castrações, os limites e... as fronteiras. Odeiam transbordamentos, justo o que faz a alegria do cão...

Esse momento é sempre delicado quando conversamos, eu e o cão farejador, porque ele discorda dessa simples verdade, refiro-me ao amor pelas fronteiras, pelos limites, gozo das psicanálises, e me diz que, farejando os livros com seu delicado nariz, descobriu que para Jung e para Simondon – que não são psicanalistas! – as fronteiras são flexíveis e podem desfazer-se e refazer-se (por exemplo, as preciosas fronteiras entre o inconsciente e o ego/consciência; ou, se quisermos ser ainda mais precisos, as fronteiras entre todos os seres vivos e até entre os seres vivos e as pedras) e que isso se chama processo de individuação. E mais, me conta o cachorro, tudo neste momento está a se individuar: os humanos, chamados de indivíduos, doravante indivíduos-individuantes; as fronteiras entre os povos originários, o povo preto, os quilombolas, as feministas, os gêneros fluidos, os com gêneros, os sem gêneros, todos estão a se individuar e individuam-se exatamente porque as fronteiras estão bêbadas e cambaleantes. É desse cambaleio e nesse cambaleio que novos sentidos, novos afetos são "produzidos". O mundo moderno, confortavelmente dualista (natureza e cultura, corpo e alma, consciente e inconsciente, masculino e feminino), está nos deixando e vamos, pouco a pouco, multiplicando, energizando o sem lugar das fronteiras e, com isso, "perdendo a forma".

Um livro de Stanislaw Lem de 1961 chamado *Solaris*,[4] que antecedeu tudo o que James Lovelock e Lynn Margulis disseram sobre Gaia e que está na base de dois filmes (de Andrei Tarkovski em 1971 e de Steven Soderbergh em 2002, também chamados *Solaris*), explicita o que é a "formação sem forma". Fiquei apaixonada por esse livro de ficção científica e lamentei muito que grandes diretores de cinema tenham aproveitado de *Solaris* só aquilo que o narcisismo permite. O livro de Lem mostra esteticamente como o planeta Solaris, inexplicável para a ciência solarística, é formação sem forma incansavelmente! Solaris, um estranho planeta, é um oceano vivo, inteligente e, ao que tudo indica, pensante. Assim interpretam os cientistas solarianos, que o observam com o que há de mais sofisticado na ciência e tecnologia terráquea, mas, muito frustrados, não conseguem estabelecer contato com esse ser pensante e, para alguns deles, dotado até mesmo de consciência. O oceano – o planeta Solaris – é transformação incessante; segundo Lem, é "autometamorfose ontológica",[5] extremamente criativo e, então, um verdadeiro desafio para o conhecimento humano, indicando seus limites. Solaris, a vida, na melhor expressão de Lem, é transformação, formação sem forma estável, não passível de leis físicas eternas.

A vida, corrida estética que parece não ter rumo, não se aprimorar, só brinca esteticamente quando se dão novas for-

---

4 Stanislaw Lem, *Solaris*. Trad. de José Sanz. Rio de Janeiro: Relume-Dumará, 2003.
5 Ibid., p. 36.

mas, novas estruturas. Apreciado por essa ótica, o livro de Lem é de uma imensa atualidade estética e espiritual.

Mas a forma é tudo o que temos, o último baluarte da existência. Pois é, mas há muito tempo deixamos de ter uma essência toda nossa, deixamos de ser/ter substâncias, identidades, e estamos perdendo a forma. É isso que no momento podemos observar: formação sem forma! Uma espécie de gramática da transição que estamos vivendo neste fim de um mundo.[6] É a morte, desfazimento geral, con-fusão? Quem está operando a transformação é a vida, e a vida, só ela sabe como operar o des-fazer e o re-fazer, o des-individuar e o re-individuar. Só a vida sabe fazer isso. Fé na vida é o recurso espiritual do momento. Essa fé foi também o que restou a Kris Kelvin, o cientista terráqueo que estudava o planeta Solaris.

O escrito que o leitor tem em mãos trata exatamente disso. É isso que está a cheirar esse cachorro velho e atrevido, a formação sem forma, e essa perda aponta um novo mundo, um mundo que não é feito e depende do homem, da máquina antropológica. Fé na vida, formação sem forma, por uma vida espiritual.

Muita tensão, muita energia metaestável –[7] para ter presente a compreensão de Gilbert Simondon. É como se o vulcão metaestável estivesse fazendo um grande desfazimento e refazimento de tudo que há. Processos individuantes por todos os lados nos seres humanos-psíquicos-coletivos-

---

[6] Sandra Ruiz e Hypatia Vourloumis, *Formação sem forma: Caminhos para o fim deste mundo*. Trad. de Cian Barbosa e Rodrigo Gonsalves. São Paulo: sobinfluencia, 2023.
[7] Veremos com cuidado esse conceito "fabricado" por Gilbert Simondon, também nomeado energia potencial e/ou pré-individual.

-transindividuais. O cão farejador sempre me lembra que essa "revolução" – muito diferente da francesa, inglesa, soviética – só é possível com a compreensão da energia que advém dos opostos, como desenhou Jung, da metaestabilidade pensada por Simondon – e por isso as psicanálises não têm como pensar e farejar a revolução que estamos a experienciar, porque partem do indivíduo constituído-desdobrando-se-através-de-relações, separado de todos os demais seres, que se transforma, certamente, mas não se individua. Amantes da separação, guardiãs das fronteiras, vigilantes das interdições, as psicanálises não participam da imensa festa individuante que estamos experimentando.

Minha mente é povoada, e isso não quer dizer que sou uma pessoa especial. Longe disso, quer dizer que trabalhei muito para que esse povoamento diferenciado se desse.[8] Apresentei a vocês uma das minhas figuras internas mais importantes e refinadas, minha intuição, o cão farejador.

---

[8] Sou psicoterapeuta e o dia a dia da clínica passa pela diferenciação dessas figuras internas, chamadas por Christopher Bollas generas e/ou texturas emocionais. Por essa razão tenho familiaridade em reconhecer e diferenciar quem fala em mim e fala para quem, como sugere Bollas. Diferenciadas, essas texturas emocionais se respeitam. É desse povoamento que nascem os pensamentos através da livre associação. Aprendi isso também com Bollas: pensar é livre associar! Pensar não é sinônimo de razão e muito menos uma função do ego. A livre associação sempre dá lugar e presença para insights e então para novas possibilidades existenciais. Não preciso dizer para quem me lê o quanto o cão farejador adora essa maneira de pensar o pensar. Fareja esse campo também, separando e fazendo aliança com os pensamentos novos que emergem da livre associação. Ver mais em: Christopher Bollas, "Introdução". In: *A sombra do objeto: Psicanálise do conhecido não pensado*. Trad. de Fàuma Marques. São Paulo: Escuta, 2015; Id., "Gênese psíquica". In: *Sendo um personagem*. Trad. de Suzana Menescal de Alencar Carvalho. Rio de Janeiro: Revinter, 1998.

Outra figura diferenciada é a minha razão, operadora de conceitos. Mas as mais importantes figuras internas presentes neste livro, e ainda não nomeadas, são exatamente Jung e Simondon! Tornaram-se, para usar os termos cunhados por Gilles Deleuze e Félix Guattari,[9] meus personagens conceituais. E posso usá-los dessa maneira pela longa, longuíssima convivência que tive com ambos. De tanto conviver e pensar neles e com eles, internalizei-os, e hoje olham um para o outro e me contam segredos não imaginados pelos estudiosos de ambos. Claro que na fronteira entre eles está o atrevido, o cão farejador, o grande amante das fronteiras cambaleantes. E meu ego, o grande idiota, que papel tem ele nisso tudo? Diria que meu ego opera por dosagens nessa parafernália toda. Não deixa a corda toda na mão do cão farejador, vigia o rigor com que a razão opera os conceitos e dosa o amor que tenho por ambos, Jung e Simondon, na longa convivência que nos tocou viver nesta pequena odisseia.

Agora, nos capítulos que seguem, a palavra está com a operadora de conceitos, a Razão. Ela muda completamente o tom emocional da minha escrita; esse tom emocional mais frio, conceitual; a razão, filha do Iluminismo, dá o nome de rigor, de conhecimento científico. Mas não se enganem os leitores, pois o cão farejador está presente e conduz o trabalho da razão.

---

[9] Gilles Deleuze e Félix Guattari, "Os personagens conceituais". In: *O que é filosofia?*. Trad. de Bento Prado Jr. e Alberto Alonso Muñoz. São Paulo: Editora 34, 2010.

Rastreando com o faro aguçado

Minha vida é uma mensagem numa garrafa enviada ao futuro para que alguém, em algum lugar, algum dia possa ler.
PAUL B. PRECIADO[1]

Ensaios dizem algo sobre mim, uma maneira de ser e de viver. Ensaios são provocações, espécies de flechas, com muita pesquisa, é verdade, mas, antes de qualquer outra coisa, apostas. Querem abrir um caminho e não o sedimentar. Não hesitam em misturar autobiografia, mitos, sincronicidades, denúncias do capitalismo, sonhos, utopias; misturas estranhas ao mundo especializado moderno, aparentemente rigoroso, um samba de uma nota só. Nossa escrita é plural, individuante e perspectivista e, com muitos riscos, esse pequeno livro é uma experimentação.

Experimentação que recupera a nobreza e a humildade da descrição, e, nela e com ela, uma bússola certeira: os

---

[1] Paul B. Preciado, *Um apartamento em Urano: Crônicas da travessia*. Trad. de Eliana Aguiar. Rio de Janeiro: Zahar, 2020.

campos afetivos presentes nos autores que frequentamos e com quem nos aliamos.

Proponho um caminho para não nos perdermos entre tempestades e correntezas: nós, seres humanos modernos, fabricados como tais, pensamo-nos como dados, acabados, átomos, unidades mínimas do conjunto social, separados uns dos outros, dotados de identidades, sempre iguais.

Mas estamos nos alforriando em direção a um mundo genético, plural, individuante, capaz de compor com Gaia. Compor com Gaia é a utopia que professamos.[2]

Esse caminho não começa em nenhum tratado filosófico, mas nas experiências múltiplas que observamos no mundo, também na minha experiência e na experiência daqueles que me narraram – e eu pude escutar! – aventuras individuantes corporal-psíquico-emocional-mental-espirituais. Todos que fizeram experiências desse tipo abriram algum des-caminho animista, pois sentiram as fronteiras entre os mundos oscilarem. Para descrever essas experiências, me agenciei com muitos autores, com muitos artistas, poetas, filósofos e analistas. Mas o que sempre me interessou foi o

---

[2] *Compondo com Gaia* é um canal no YouTube, fundado por mim e alguns amigos em 2021. Um canal plural e perspectivista, que oferece cursos sobre Gilbert Simondon, como: "O processo de individuação em Jung (à luz de Gilbert Simondon)" (2022); "De Bergson a Simondon: A eternidade em um instante (2023)"; "Simondon, para além de Canguilhem" (2023), com nosso professor Ricardo Cezar Cardoso; "Os caminhos do pensamento em Foucault e Simondon" (2023), com nosso professor João Paulo Ayub, e de pensadores que com ele fizeram aliança, entre eles Deleuze e Guattari. Oferece também cursos de diferentes lentes da psicanálise e da psicologia analítica: Winnicott, Bollas, Jung. Abre-se para as minorias e exercita-se na justiça epistêmica. Ver mais em: <http://compondocomgaia.com/>. Acesso em: 4 abr. 2025.

osso duro da experiência e o seu verter de sentido. Um verter de sentido, em algumas experiências, inesgotável.

Jung fez um relato, uma descrição inaugural dessa experiência, e é bom revisitá-lo ao menos no capítulo "O confronto com o inconsciente" em *Memórias, sonhos, reflexões*.[3] E, todavia, Jung soube acolher sentidos, novos sentidos, por toda a sua vida. Sua obra inteira, mais de vinte volumes, não faz senão comentar o que lhe aconteceu e que ele denominou processo de individuação. Foi se descrevendo, foi se dando forma, nova forma para si e para o mundo, para a sociedade, para a cultura. E, não por acaso, não nos cansamos de ler e perscrutar seus amigos, os alquimistas, o nascente animismo fruto da individuação, sua espiritualidade imanente, seu novo alfabeto: a sincronicidade e a leitura dos sinais, a re-leitura dos mitos na contemporaneidade, a civilização em transição possível de ser esperançada através das individuações.

Essa descrição – refiro-me a Jung – é datada: inícios do século XX, e, apesar disso, muito nos ajudou, nos consultórios, a acolher os processos individuantes dos nossos pacientes.[4]

---

[3] Aniela Jaffé, "Confronto com o inconsciente". In: Carl Gustav Jung, *Memórias, sonhos, reflexões*. Trad. de Dora Ferreira da Silva. Rio de Janeiro: Nova Fronteira, 1961.

[4] Espelhando outra individuação, agora no século XXI, segunda década, valho-me da descrição de Nastassja Martin em *Croire aux fauves* (Paris: Folio, 2019), cuja tradução poderia ser "Acredite nas feras" – na edição brasileira o título é *Escute as feras* (Trad. de Camila Boldrini e Daniel Lühmann. São Paulo: Editora 34, 2021). Nastassja, antropóloga francesa e estudiosa do Grande Norte subártico, aventurou-se na Rússia em busca das famílias even que recusaram a civilização pós-soviética e preferiram voltar a viver no coração das florestas siberianas. A etnografia de Nastassja avançava, mas algo estava em gestação e eclodiu – inesperado encontro, acontecimento – com um urso. A antropóloga e o urso se atracam.

Foi De Repente...[5] Narrei várias vezes o que aconteceu, me aconteceu. Hoje sei que "de repente" foi o auge de um processo, exatamente quando o percebemos, quando nos damos conta de limiares até então não perceptíveis: o que já não é e um outro porvindo. Por um tempo, no processo de individuação, ficamos sem companhia, sem mundo, sem coletivo, sem meio. Exilados no país de origem, estrangeiros, descobrimos de repente, em um tempo instantâneo, que nossos mundos podem deixar de ser, de certo modo, podem desfazer-se e, com eles, todos os nossos vínculos, o minguar das nossas relações e, porvindo, novos vínculos florescem. Jung deu o nome de "processo de individuação" ao movimento da libido: regressão (a perda de mundos) e progressão (mundos porvindo) da energia que advém do diferencial dos opostos. Cabe-nos descrever sempre de novo esse processo para diminuir o espanto. Fé na vida: é disso que precisa quem se individua. Nesse processo temos acesso a um novo alfabeto: as sincronicidades, os signos, afetos numinosos – paradoxo das emoções – terror e êxtase – do teólogo Rudolf Otto.

O que lhe acontece a partir daí é muito inesperado para ela e para todos. Essa é a trama de *Escute as feras*, uma reflexão e uma escrita para lá de vertiginosa que desfaz o que está feito e assegurado para nós ocidentais, as fronteiras entre o humano e o natural, o mito e a contemporaneidade, a ideia mesma de identidades e fronteiras. Uma vez lido, o livro-urso segue conosco pela vida, a experiência vivida e narrada por Nastassja não mais nos abandona. Li nesse escrito o que pode a individuação contemporânea, que, como aquela vivida um século antes por Jung, faz as fronteiras cambalearem, se fertilizarem e tece des-caminhos em direção ao animismo.
5 Descrevi o De Repente em dois livros: *Figuras da imaginação: Buscando compreender a psique* (São Paulo: Summus, 2001), em que "De Repente" é o prólogo. Em *Vestígios: Epifanias e individuações* (São Paulo: Intermeios, 2020), um dos capítulos chama-se "De Repente" e tem como base o prólogo de *Figuras da imaginação*.

Tive a sorte de viver essa experiência sem recorrer à psiquiatria ou à psicanálise. Nos primeiros momentos sem nome, acabei por nomeá-la com um analista junguiano que me acompanhou nessa jornada. Esse primeiro porvindo somou-se a outras individuações e a outros porvindos que nunca acabaram de acabar. O bom desse desamparo crucial foi exatamente a ausência, em um primeiro momento, de interpretações que esmagassem e/ou cicatrizassem essa ferida viva e capaz de verter sentidos incessantemente. Quando as fronteiras entre o dentro e o fora, o humano e o animal, a cultura e a natureza oscilam, nunca mais se recompõem, nunca mais voltam a ser de novo verdadeiras fronteiras separando mundos. As fronteiras cambaleiam bêbadas e já não oferecem estável segurança, comem-se pelas bordas e delas brotam novos sentidos. Vão se hibridizando. Quando fazemos a experiência de morrer e renascer nunca mais seremos, ou melhor, teremos a ilusão de ser um; a experiência da unidade – sempre um engodo – torna-se impossível.

Na minha primeira individuação, Jung me atravessou, e descrevi a experiência individuante que sofri e para a qual não tinha ainda vocabulário próprio; usei e abusei dos escritos de Jung e lancei um outro olhar para a modernidade, um olhar porvindo.[6] Tive a felicidade, como psi-

---

[6] Escrevi vários livros sobre o processo que vivi, a maioria deles saqueando/usando a obra de Jung e tentando dar vida nova aos seus conceitos preciosos em torno da individuação. Vou citá-los para que o leitor compreenda que o meu farejar tem base na leitura e na escrita em torno da obra de Jung. Minha tese de doutorado se transformou em livro, *Jung: O poeta da alma*, publicado pela editora Summus em 1998. Nesse mesmo ano, publiquei pela editora Moderna *Jung: Individuação e coletividade*.

coterapeuta, de acompanhar dezenas de individuações de pacientes-clientes que me encontraram como se estivessem caminhando no deserto. Partes dessa escuta, sonhos, insights, detalhes dos começos, processos inesperados são também narrados nesse ensaio.

Na minha segunda individuação, veio a mim Gilbert Simondon com o livro *A individuação à luz das noções de forma e de informação*. Sedenta de novo no deserto, encontrei em Simondon e em seus escritos um oásis cheio de nascentes. Senti familiaridade entre Jung e Simondon e dediquei anos a essa pesquisa: quais livros e quais conhecimentos sobre a individuação Simondon teria individuado da obra de Jung. Ainda nesta apresentação, ousarei anunciá-los; trata-se de uma ousadia, porque Simondon raramente cita o nome e a obra dos autores com quem está a dialogar. Farei então uma aposta dos livros e artigos de Jung lidos e individuados por Simondon.

Durante a terceira individuação que me coube viver, escrevo este pequeno livro, com uma única esperança: encontrar amigos, novos amigos, que também afirmam e descrevem suas individuações. Preciso de amigos, amigos

---

Figuras da imaginação: Buscando compreender a psique foi publicado também pela Summus, em 2001. *Eros na passagem: Uma leitura de Jung a partir de Bion* e *Por que não: Tecendo outras possibilidades interpretativas*, ambos de 2007, foram publicados pela editora Ideias & Letras. *Fotografando o invisível: Ensaios de psicanálise, cinema e literatura* foi publicado pela editora Intermeios em 2017. *Vestígios: Epifanias e individuações* foi publicado em 2020 também pela Intermeios. *O terror de ser deixada* foi publicado pela Sattva, em 2021, e nele há um artigo sobre o filme *Bacurau* (2019), de Kleber Mendonça Filho e Juliano Dornelles, que gira em torno da individuação do social, tendo Jung, os alquimistas e Simondon como base teórica.

a se individuar, amigos que compreendam a urgência deste momento civilizatório. É essa a utopia que me atravessa e clamo por ela ainda uma vez e sempre de novo... Preciso de amigos! Amigos de todos os tipos, todos os tipos de seres vivos. Uma aspiração que hoje me angustia porque está ainda longe – assim parece neste momento – do nosso alcance, mas é essa a direção do meu olhar!

Este pequeno ensaio conta com dois momentos. No primeiro, uma provocação inscrita em um debate insosso, desgastado, por vezes amargurado: a disputa entre Freud e Jung que conta com várias camadas de sentido e de registros. Interessei-me por um dos registros dessa disputa, aquele que foi marcadamente pessoal. Intitulei-o "E se Jung tivesse aceitado a generosa mão paterna que Freud insistentemente lhe oferecia?" – o que teria acontecido na área psi e na cultura? Ainda que esse debate tenha sido por muitos autores revisitado, ninguém, a meu ver, tira a conclusão devida. É esse desfecho que ofereço aos leitores.

Tenho um método para ler Jung, há muitos anos: tensiono suas proposições ao máximo. Nunca interpreto o que Jung escreveu; antes, faço com que interprete a si mesmo e sempre muito rente aos seus escritos. Não raro, ele fala aquilo que ele mesmo não escutou, que seus comentadores não escutaram, que nós todos, seus leitores, não pudemos escutar ao longo do século XX. Tensionando-o, faço com que diga proposições novas que hoje podemos escutar.

"O processo de individuação em C. G. Jung (à luz de G. Simondon)" é o segundo momento deste pequeno ensaio. Farejei, rastreei Jung em Simondon para re-descobrir como o século XX fez brotar um pensamento (de Simondon) que se debruçou sobre operações individuantes, tendo como interlocução silenciosa e silenciada um grande número de autores, entre eles Jung. O famoso livro de Simondon não tem notas de rodapé e há poucas referências aos autores que está a individuar. Jung, uma exceção, é algumas vezes citado, e quem conhece seu pensamento percebe a forte presença do psiquiatra suíço nesse que é uma espécie de livro guia do século XXI. Rastreei Jung em Simondon para poder pensar como Simondon individuou a experiência-conhecimento de Jung. Simondon não se deixou influenciar, não ressignificou o conhecimento de Jung, ele o individuou.

Para oferecer esses rastros, li Jung a contrapelo, a partir da leitura de *A individuação à luz das noções de forma e de informação*, e, rastreando-o, com faro aguçado, no limite, descobri caminhos, conceitos, experiências, momentos na obra de Jung que permitiram a individuação de muitos dos "achados" teóricos de Simondon. Sublinho aqui, com a parcimônia de um cão farejador, quais texto e obras de Jung foram lidos e individuados por Simondon: "Confronto com o inconsciente", no livro *Memórias, sonhos e reflexões*; "Os conceitos fundamentais da teoria da libido", em *A energia psíquica*;[7] "A divergência entre Freud e Jung", em *Freud e a psicanálise*;[8] "O arquétipo com referência especial ao conceito de anima", parágrafo 155, em *Os arquétipos e o*

---

[7] Carl Gustav Jung, *A energia psíquica: A dinâmica do inconsciente*. Trad. de Maria Luiza Appy. Petrópolis: Vozes, 2013a.
[8] Id., "A divergência entre Freud e Jung". In: Carl Gustav Jung, *Freud e a psicanálise* (OC IV). Trad. de Lúcia Mathilde Endlich Orth. Petrópolis: Vozes, 2013d.

inconsciente coletivo;[9] final do parágrafo 73 em *Tipos psicológicos*;[10] *O eu o inconsciente*;[11] "Adaptação, individuação e coletividade", em *A vida simbólica*;[12] *Estudos alquímicos*;[13] *Psicologia e alquimia*.[14]

Penso contribuir, neste ensaio, com duas questões: 1) trazer à tona a presença silenciada de Jung no principal livro de Gilbert Simondon (*A individuação à luz das noções de forma e de informação*), usando muito faro e muita imaginação sem incorrer em deslizes e sem distorcer os livros pesquisados de Jung; 2) nesse rigoroso trabalho de pesquisa e escrita, apresento um Jung-simondoniano e faço uma aposta: Jung no século XXI é simondoniano ou não será.

---

9 Id., *Os arquétipos e o inconsciente coletivo*. Trad. de Maria Luiza Appy e Dora Mariana R. Ferreira da Silva. Petrópolis: Vozes, 2014.
10 Id., *Tipos psicológicos* (OC IV). Trad. de Lúcia Mathilde Endlich Orth. Petrópolis: Vozes, 2013g.
11 Id., *O eu e o inconsciente* (OC VII/2). Trad. de Dora Mariana Ribeiro Ferreira da Silva. Petrópolis: Vozes, 2015.
12 Id., *A vida simbólica,* (OC XVIII/2). Trad. de Edgar Orth. Petrópolis: Vozes, 2012a.
13 Id., *Estudos alquímicos* (OC XIII). Trad. de Dora Mariana Ribeiro Ferreira da Silva e Maria Luiza Appy. Petrópolis: Vozes, 2013c.
14 Id., *Psicologia e alquimia* (OC XII). Trad. de Maria Luiza Appy, Margaret Makray e Dora Mariana Ribeiro Ferreira da Silva. Petrópolis: Vozes, 2012b.

1

E se Jung tivesse aceitado a generosa mão paterna de Freud?

Um debate esgotado?

Entre psicanalistas

O conflito entre Freud e Jung não acabou se tivermos em mente os diferentes "caminhos" seguidos pela psicanálise e pela psicologia analítica. Apresentar esses caminhos e seus desdobramentos na cultura é o objetivo deste capítulo, e mesmo deste ensaio.

Não exageramos ao dizer que esse conflito é um dos eixos centrais da história da psicanálise, marcando-a, como veremos, a ferro e fogo. No imaginário do movimento psicanalítico, as ressonâncias se fazem até hoje presentes e, de certa maneira, é esse conflito que ainda está na base do que é conhecido como "guerra entre as escolas" de psicanálise.

A interlocução entre Freud e Jung se deu em múltiplos planos, incluindo razões de ordem teórica, institucional e também de ordem pessoal, no início dos anos 1910. O que me interessa é o conflito pessoal entre eles, que tem muitas interfaces, sendo uma em especial a espinha dorsal do presente escrito – refiro-me à insistência de Freud em exercer a sua paternidade sobre Jung e a rejeição deste à mão generosa de Freud. O que teria acontecido na área psi e, expandindo um pouco o raciocínio, no campo intelectual e nas práticas culturais que daí advêm, se Jung tivesse se tornado o "príncipe herdeiro", o sucessor de Freud?

De acordo com Joel Birman[1] – um autor perspicaz, a meu ver, no grupo das psicanálises –, a relação e o conflito entre Freud e Jung teriam permitido uma espécie de "cena primária" no movimento psicanalítico. Segundo Birman, "algo foi aqui constituído de maneira densa e trágica, de forma a ordenar uma cena viva que se repetiu ao longo da posterior história da psicanálise" e repetiu-se "porque os ingredientes e as dimensões presentes na cena originária foram relançados em outros contextos [...] indicando pois que as mesmas questões de outrora continuavam ainda presentes na comunidade psicanalítica". A compulsividade dessa repetição exige, para deixar de se atualizar, um trabalho de perlaboração e simbolização nessa comunidade. Esse trabalho ainda não foi feito. Somente com o desmantelamento do osso duro presente na cena

---

1 Joel Birman, "Arquivos da psicanálise". *Viver Mente & Cérebro: Coleção Memória da Psicanálise*, São Paulo, n. 2, pp. 24–31, 2006. Também levei em conta, como uma espécie de espelho, do lado junguiano, o livro *Os arquivos de Freud: Uma investigação acerca da história da psicanálise*, escrito por Mikkel Borch-Jacobsen e Sonu Shamdasani (Trad. de Tiago Novaes. São Paulo: Editora Unesp, 2014). Outro debate interessante foi feito por Renato Mezan em "Origens da psicanálise atual no debate entre Freud e Jung", no Instituto Junguiano de São Paulo (Ijusp), em 2021 (Disponível em: https://www.youtube.com/watch?v=pcEpGHnWp2o. Acesso em: 7 abr. 2025).

repetitiva podemos ter outra escuta, na compreensão do autor citado, dos impasses aí vividos. As palavras contundentes de Birman ganham muita relevância se levarmos em conta que o artigo foi feito para a revista *Viver Mente & Cérebro*, que buscava apresentar o pensamento de Jung! Nesse artigo, a relação entre ambos os protagonistas é lida por Birman como sendo complexa, condensada e sobredeterminada,[2] mantendo-se na memória e no arquivo da história da psicanálise. E isso significa dizer que algo do sintoma e de uma formação do inconsciente está em jogo no campo dessa relação e dos seus desdobramentos históricos, pronto para repetir-se em outros contextos.

Mas, como já dissemos, o conflito era também intersubjetivo e apresentava múltiplas facetas: idealizações recíprocas e um certo uso evidente por parte de Freud, já que a psicanálise deixaria de ser vista como uma ciência judaica e contaria com um ariano-suíço nas suas fileiras; o grupo de Zurique (Jung, Paul Eugen Bleuler e outros) garantiria a inserção da psicanálise na psiquiatria e na universidade. Jung seria nomeado o "príncipe herdeiro" da psicanálise, para desgosto dos psicanalistas que desde sempre estiveram com Freud. Jung, por sua vez, já um renomado psiquiatra e reconhecido internacionalmente, com sua mente

---

[2] Muito especial a leitura que Joel Birman faz de *A interpretação dos sonhos* (1900), de Freud, pois é daí que advêm as ideias de condensação e de deslocamento que constituem as narrativas oníricas. Os múltiplos fios e séries psíquicas estão presentes tanto nas narrativas oníricas quanto nos sintomas, e por isso é preciso considerar o inconsciente como sendo da ordem da sobredeterminação. A noção de complexidade, por sua vez, é devedora da multiplicidade das séries discursivas. "Condensação, sobredeterminação, complexidade" é o subtítulo do artigo "Arquivos da psicanálise", já citado.

farejadora, ficou fascinado com Freud e a psicanálise, que, pelo menos por um tempo, seria seu ponto de imersão e de estudos. Os "ruídos" teóricos, porém, rapidamente se fizeram sentir. Primeiro um desconforto de Jung com a proposição de Freud, que lhe parecia dogmática, em torno da primazia de uma energia sexual, denominada "libido" por Freud.[3] Jung também não podia suportar a centralidade conferida por Freud ao complexo de Édipo na estrutura psíquica. São fatos, e podemos conferi-los na leitura de *Símbolos da transformação*, escrito por Jung quando a ruptura se aproximava – enquanto, aliás, Freud escrevia *Totem e tabu*. Porém, a obra de Jung não acabou em *Símbolos da transformação*, nem a de Freud em *Totem e tabu*! Teremos pelo menos mais dois embates teóricos depois da separação: entre 1913 e 1916, Jung escreveu dois memoráveis textos, *O eu e o inconsciente* e "Adaptação, individuação e coletividade",[4] e Freud escreveu "Introdução

---

[3] Antes de Freud, o termo "libido" fora usado por Theodor Meynert, Moriz Benedikt e Richard von Krafft-Ebing no sentido de desejo sexual e como instinto sexual; e, em seu sentido evolutivo, por Albert Moll. O campo de aplicação do termo "libido" por Freud excedeu o mapeamento dos sexólogos, englobando a psicologia e a psicopatologia como um todo. Apoiando-se em Jean Starobinski, Sonu Shamdasani faz a seguinte aposta: o sucesso de público da teoria da libido em Freud, com sua progressão e repressão através de estágios de desenvolvimento, deveu-se ao fato de o psicanalista vienense ter oferecido uma convergência metafórica para a linguagem evolutiva contemporânea. Ver: Sonu Shamdasani, *Jung e a construção da psicologia moderna: O sonho de uma ciência*. Trad. de Maria Silvia Mourão Netto. Aparecida: Ideias & Letras, 2005, pp. 230-1.

[4] Carl Gustav Jung, *O eu e o inconsciente* (OC VII/2). Trad. de Dora Mariana Ribeiro Ferreira da Silva. Petrópolis: Vozes, 2015; Id., *A vida simbólica* (OC XVIII/2). Trad. de Edgar Orth. Petrópolis: Vozes, 2012a.

ao narcisismo" em 1914.⁵ Na década de 1930, e sem que os dois protagonistas conversassem, escrevem artigos sobre a *Weltanschauung*.⁶ Uma pergunta me desafiou sem que eu possa dar respostas satisfatórias: será que Freud e Jung alguma vez cessaram sua conversa teórica?

Jung desde sempre foi plural, excêntrico, criativo e dificilmente se submeteria a uma única tradição intelectual. O mais grave, porém, para Jung, na minha aposta, não foi a discordância teórica, e sim a insistência de Freud em forçá-lo a "ser filho" e ele, Freud, "pai". Não deu certo com Jung, que tinha um conflito não elaborado com seu "pai-pastor".

Após a ruptura entre Freud e Jung, os discípulos de Freud que estavam no centro do movimento psicanalítico e o próprio Freud estabeleceram um pacto, nas palavras de Joel Birman, "pelo qual não se podia questionar os fundamentos do discurso freudiano",⁷ e passaram a usar um anel, como símbolo de lealdade para com o mestre e suas proposições teóricas sobre a sexualidade. Os questionamentos de Jung eram impeditivos para que o movimento psicanalítico se fizesse nessa direção.

Esse doloroso embate entre os dois gigantes da área psi enuncia, na minha aposta, como já disse, o que ficou conhecido como "guerra entre as escolas" de psicanálise. Na

---

5 Sigmund Freud, *Introdução ao narcisismo: Ensaios de metapsicologia e outros textos*. São Paulo: Companhia das Letras, 2010.
6 Recomendo a leitura do artigo de Amanda Barros Pereira Palmeiras e Rodrigo Barros Gewehr, "Existe uma *Weltanschauung* da psicanálise?", *Cadernos de Psicanálise*, Rio de Janeiro, v. 37, n. 32, pp. 63-84, 2015. Apesar do título do artigo, ele versa sobre o que esses autores, Freud e Jung, pensavam sobre esse conceito.
7 Joel Birman, op. cit., p. 29.

ausência de uma perlaboração e de simbolização desse conflito, geração após geração, seguiram-se embates dolorosos: Sándor Ferenczi e Jacques Lacan foram nomes importantes dessa repetição que carrega consigo algo trágico. Mas não é só isso, certamente! A atmosfera criada em torno da defesa do "criador" de uma escola, no caso de Freud com um anel de lealdade, tomou conta da psicanálise, e também entre aqueles que foram defenestrados, por exemplo, Lacan. O "criador", transformado em totem, é abraçado pelos seus discípulos que com ele se identificam e todas as outras "escolas" passam a ser maculadas, seus membros ridicularizados. Os institutos de formação marcados por grandes criadores dão tristes exemplos a esse respeito.

A expressão "guerra entre as escolas" tem especial relevância para Christopher Bollas. Esse psicanalista contemporâneo é bastante crítico em relação a essa guerra, considerando-a paralisante e impeditiva do desenvolvimento da própria psicanálise. Para Bollas, essa guerra prospera sem limites e nela e com ela uma espécie de folclore em torno das escolas desprezadas.[8]

---

[8] Christopher Bollas, *O momento freudiano*. Trad. de Pedro Perússolo. São Paulo: Nós, 2024. Nesse livro, Bollas refina a crítica sobre a "guerra entre as escolas" de psicanálise presente em muitos outros artigos e livros. O autor considera essa "guerra" e o que daí advém um verdadeiro genocídio intelectual e, no limite, uma guerra fascista.

Entre junguianos

O movimento junguiano, por sua vez, parece ter se cansado do debate Freud-Jung, ainda que a emergência da psicologia analítica, como teoria-clínica, tenha nascido após a ruptura da relação entre os dois gigantes.

Seus grandes baluartes nesse final do século XX e início do XXI sequer o citam. James Hillman,[9] quando realmente se tornou hillmaniano, abandonou-o. O mesmo podemos dizer de Wolfgang Giegerich[10] e também de Sonu Shamdasani.

Sonu Shamdasani é explícito em relação ao abandono desse debate no livro *Jung e a construção da psicologia moderna: O sonho de uma ciência*, pois um dos itens logo na apresentação desse livro chama-se "Jung sem Freud".[11] Vou me ater a esse comentador de Jung porque ele é muito conhecido no Brasil e no debate internacional, tendo participado de colóquios, congressos. Será o nosso guia nessa fantasia.

O que ganhamos se abandonarmos o debate entre Freud e Jung e nos ativermos a um "Jung sem Freud"? Seguramente traremos à tona um sem-número de influências intelectuais sofridas por Jung – escondidas no debate citado: William James, Friedrich Nietzsche, Frederic Myers, Théodore Flournoy etc. O que perdemos levando à frente a fantasia de um Jung sem Freud e, então, suprimindo o

---

[9] James Hillman (1926-2011), analista de orientação pós-junguiana, criou a psicologia arquetípica em conjunto com Patrícia Berry e Rafael López--Pedraza.

[10] Wolfgang Giegerich (1942-), psicoterapeuta de orientação pós-junguiana, criou a psicologia como disciplina da interioridade (PDI); alguns comentadores entendem que ele compõe a terceira onda do pensamento junguiano.

[11] Sonu Shamdasani, op. cit.

debate entre eles? Perdemos o coração emocional-intelectual de Jung, o seu pulsar, em torno da sua importante experiência, o processo de individuação e tudo que dele brota, quero dizer, todos os conceitos que advêm dessa experiência. É exatamente essa ausência, esse vazio, que o livro de Sonu Shamdasani narra com veemência.[12] E, toda-

---

12 Cito neste momento a compreensão de James Hillman e de Wolfgang Giegerich sobre o processo de individuação. Hillman é notável, como Shamdasani, ao silenciar a experiência de individuação, e Giegerich, pelo deslocamento que opera nessa experiência. A escola de pensamento hillmaniana privilegiou o pensamento fantasista e o politeísmo arquetípico em detrimento das noções de energia psíquica e de processo de individuação. Uma das mais comentadas discussões sobre o trabalho hillmaniano decorre de um texto publicado na revista *Spring* em 1970, chamado "Psicologia monoteísta ou politeísta?", em que o autor postula que o self (arquétipo central da psique na compreensão de Jung) seria politeísta. Essa premissa, no entanto, carrega um problema fundamental e insolúvel de compreensão, uma vez que não importa se o self é monoteísta ou politeísta, dado que um arquétipo é uma estrutura formal vazia que serve de atalho conceitual para explicar um fenômeno afim e análogo a ele. Enfatizando essa questão, a psicologia arquetípica acaba por sacrificar uma das pedras basilares da psicologia junguiana, a saber, a experiência da individuação. Em palestra no projeto Thiasos, em junho de 2021, Marcus Quintaes, psicanalista junguiano, expôs a ideia de Hillman de que o self está na pólis, advogando, dessa forma, que o processo de individuação pode ser observado fora daquele que vive a tensão energética inerente a esse processo. Ver: "Marcus Quintaes: O mundo é a morada do self". Disponível em: https://www.youtube.com/watch?v=fh1J4vvMbdI. Acesso em: 15 maio 2025. O principal esforço do trabalho de Giegerich consiste em realizar uma crítica imanente à psicologia junguiana, partindo do pensamento de Hegel. Uma das principais objeções ao pensamento giegerichiano diz respeito à sua aproximação com o hegelianismo, doutrina filosófica rechaçada por Jung, uma vez que este se dizia burckhartiano – refiro-me a Jacob Burckhardt, o grande historiador da arte. Giegerich compreende a psicologia como um fenômeno interior a si mesmo, assim contendo uma lógica urobórica e deixando de lado a noção de processo de individuação que transcorre na tensão entre indivíduo e coletivo. Assim, a individuação seria a obra magna da alma, que tem sua própria vida lógica.

via, Shamdasani tece, ao longo das páginas do livro citado, o que compreende por individuação! Conceito polissêmico, a individuação é afirmada em seus múltiplos sentidos: a equação pessoal, o encontro com o self, a singularidade. Com a velha roupagem aristotélica da qual Shamdasani sequer desconfia, o autor singapurense-britânico repõe uma espécie de princípio da individuação e, nele e com ele, a experiência tornada conceito. De tão falada, a individuação, na sua polissemia infinita, esquece e esconde o processo que a desencadeia e o que esse processo significa culturalmente! No lugar do estudo pormenorizado desse processo e seu significado, temos um chamado para a singularidade, vale dizer, o achatamento e o empobrecimento dessa experiência, transformado em conceito, conceito-aplicado na clínica, o processo de individuação domestica-se e oferece-se como uma mercadoria a mais no mercado. Quem ganha com isso é uma fatia de profissionais, constituída de psicólogos e médicos, únicos aceitos nos institutos de formação e também em seus quadros burocráticos, hierarquizados, e muito comportados. Definitivamente, abandonar o debate e o conflito Freud-Jung não foi e não é uma boa ideia!

No presente ensaio, esse debate é importante e será valorizado, em particular o conflito pessoal entre eles: o lugar que Freud pretendeu ocupar na mente de Jung, o lugar do pai. Ora, convido o leitor a pensar nessa direção e pergunto: mas não é exatamente esse lugar, o lugar do

---

Esta nota foi construída a partir dos prefácios de Giegerich no livro *A vida lógica da alma* (Trad. de André Dantas. Petrópolis: Vozes, 2021). Também é fruto das conversas que mantive com André Dantas, analista junguiano, estudioso e tradutor de Giegerich no Brasil.

pai-pastor, dividido entre o dogma e a fé viva? Não é esse o lugar de um conflito vivo e insuportável para Jung? Lugar paradoxal que Freud reedita na mente de Jung: Freud defende um dogma, o dogma da energia sexual, desprezando a energia psíquica que, nesse momento, era pensada por Jung como "alargamento em relação à energia sexual",[13] muito embora, é óbvio, a contivesse;[14] já então Jung iden-

---

[13] É possível fazer um rápido histórico do uso do conceito de libido/energia psíquica por Jung. Aproximou-a da noção de vontade de Schopenhauer: "A Schopenhauer devo a visão dinâmica da psique; a vontade é a libido que está no fundo de tudo" (Shamdasani, op. cit., p. 219). Em *Psicogênese das doenças mentais* (OC III). (Trad. de Márcia Sá Cavalcanti. Petrópolis: Vozes, 2013e, p. 231), Jung usa o termo "energia psíquica", pois considerava a teoria da libido de Freud inaplicável à demência precoce. No "Prefácio" de 1906, "Sobre a psicologia...", Jung declara que não conferia à sexualidade a mesma universalidade psicológica que Freud lhe atribuía. Na correspondência de 31 de março de 1907 entre ambos, Jung sugere a Freud: "Não seria possível pensar que a terminologia sexual fosse mantida somente para as formas extremas de sua 'libido', para a proteção do conceito reduzido de sexualidade, ora em vigor, e que se estabeleça, incidentalmente, um conceito coletivo e menos ofensivo para todas as 'libidos'" (Ibid., p. 232). As intuições primeiras de Jung são bem claras; o "alargamento em relação à energia sexual" que aparece no capítulo "Sobre o conceito de libido" do livro *Símbolos da transformação* é só um momento da obra de Jung, e sua busca de um campo energético comum a tudo que existe continuará ao longo de sua construção teórica, e Jung acabará por "fabricar" esse conceito em 1926, e o sofisticará em 1928, respectivamente, no artigo "A divergência entre Freud e Jung" (Jung, 2013d) e no capítulo 3 de *A energia psíquica* (Jung, 2013a). É um crime teórico que psicanalistas e analistas junguianos não cheguem às ressignificações que o conceito em Jung alcança. Ignorância militante ou má fé?

[14] "Na esquizofrenia falta à realidade muito mais do que poderíamos atribuir à sexualidade *sensu strictiori*. Falta uma quantidade tão grande de "*fonction du réel*" (Carl Gustav Jung, op. cit., 2013f, p. 193) que necessariamente devem estar incluídos na perda outros instintos aos quais não se pode atribuir caráter sexual; ninguém há de se convencer que a realidade nada mais é que uma função sexual. Além disso, se assim fosse, a introversão da libido (*sensu strictiori*) já nas neuroses deveria acarretar

tificava a expressão "energia psíquica" com o termo "libido".[15] Essa energia, com a experiência do processo de individuação, será repensada como energia viva, a energia decorrente da relação e da diferença entre os opostos – o que fará da psicologia analítica um referencial outro se levarmos em conta a psicanálise.

O pai-pastor aderiu, na compreensão do jovem Jung, ao dogma religioso, e não ressoava a fé viva. A chave do velho conflito pai-filho volta a ser encenada com Freud-Jung. O processo de individuação se inicia e se torna um estado subjetivo para Jung na ruptura com Freud e, por longos anos, esse sofrimento gera e gerará uma grande abertura cultural, em Jung, certamente, e em cada um de nós, herdeiros que somos e que, não raramente, desconhecemos a procedência da herança. E também a cultura se verá fraturada, machucada e, todavia, endereçada: civilização em transição.

---

uma perda da realidade comparável àquela da esquizofrenia. Mas isso não acontece. Como mostra o próprio Freud, a introversão e regressão da libido sexual ou erótica na melhor das hipóteses leva à neurose, mas não à esquizofrenia...

[15] "Este último indica um desejo ou impulso que não é refreado por qualquer instância moral ou outra. A libido é um *appetitus* em seu estado natural. Filogeneticamente são as necessidades físicas como fome, sede, sono, sexualidade, e os estados emocionais, os afetos, que constituem a natureza da libido" (Ibid., p. 194). Dito de outra maneira: "É mais prudente [...] ao falarmos de libido, entender com este termo um valor energético que pode transmitir-se a qualquer área, ao poder, à fome, ao ódio, à sexualidade, à religião, etc., sem ser necessariamente um instinto específico" (Ibid., p. 197).

Pai, ó Pai ó

Vamos nos recordar por alguns momentos do "Carl do pastor", como Deirdre Bair chama o menino Jung na biografia a ele dedicada[16] – esse primoroso capítulo não contradiz em nada "Infância", autobiografia de Jung.[17]

Carl foi o quarto filho do casal Emilie e Paul Jung – os que o antecederam faleceram. Muita angústia familiar na expectativa de que Carl vingasse. Vingou, era o retrato do pai e, exatamente por estar vivo, passada a ansiedade, pai e mãe desinteressaram-se dele, em um primeiro momento, e até certo ponto! O pai, com bondade e carinho, cuidava de Carl; a função materna foi exercida pelo pai; a mãe tentava ser uma boa mãe, mas o afeto vinha depois da ordem e da disciplina. Ausentava-se frequentemente, quer para ser cuidada em uma casa de repouso em Basel ou porque se enfiava no quarto deprimida. Nessas ausências, em geral, pai e filho viviam sozinhos e eram próximos. A situação emocional do casal, porém, era difícil: acusações e ataques de raiva de Paul, discussões, longos silêncios de Emilie.

Mas há um detalhe importante e curioso a respeito de Emilie que desejo frisar desde já: ela reverberava verdadeira felicidade quando podia conversar com as paroquianas sobre fantasmas e espíritos, que rondavam a casa paroquial durante a noite. Descrevia essas aparições com prazer.

---

16 Deirdre Bair, "O Carl do pastor". In: *Jung: Uma biografia*. Trad. de Helena Londres. São Paulo: Globo, 2006, v. 1.
17 Carl Gustav Jung, "Infância". In: Aniela Jaffé (Org.), *Memórias, sonhos, reflexões*. Trad. de Dora Ferreira da Silva. Rio de Janeiro: Nova Fronteira, 1961.

Esse mesmo prazer reaparecia quando escutava histórias dessas mulheres sobre os que assombravam os caminhos entre a aldeia e o lago. Os mortos, o mundo dos mortos, eram o foco de interesse de Emilie!

Carl, o menino Carl, viveu parte da sua infância em um lugar de privilegiada beleza natural, Laufen, no Rheinfall, o ponto mais alto das corredeiras do Reno. Idílico, simplesmente. A solidão de Carl era notável: brincava sozinho e recorria a sua imaginação, criando jogos secretos e rituais. O pai pastor tentava compensar essa solidão contando-lhe histórias oriundas do Velho Testamento. Todas as biografias e a autobiografia de Jung mostram o desconforto que se vivia na Suíça em relação aos jesuítas e ao cristianismo; a figura de Jesus era o alvo. Quem tiver interesse nessa tensão entre o protestantismo e o cristianismo, há sobre isso farta bibliografia. Meu interesse não passa por aí; antes, situa-se no conflito entre dogma e fé no protestantismo luterano, que marcava a experiência religiosa do Pai pastor e que retomaremos a seguir.

O menino Carl não brincava com outras crianças, e praticamente só teve um amigo, Albert Oeri, amigo por toda a vida de Jung e filho de um amigo do pai que de tempos em tempos o visitava. Na ausência de outras crianças, de amigos, Carl concentrava-se na vida interior, nos sonhos que o intrigavam e na imaginação; era acompanhado por uma empregada bem problemática e por uma mãe, já disse, que cá e lá o deixava sozinho. Quando Carl tinha quatro anos, a família mudou-se para outra paróquia, em Kleinhüningen, em uma aldeia de agricultores e pescadores. E, com isso, Emilie foi trazida de volta para a numerosa família Preiswerk e, a partir daí, não faltariam primos para Carl.

Todavia, essa abundância não tiraria Carl da solidão. Um dos irmãos ricos de Emilie, Rudolf, casado com Celestine, tinha quinze filhos. Outro irmão de Emilie, Gustav Adolf, foi pai de onze filhos. E os outros irmãos de Emilie também tinham muitos filhos. Carl não se entusiasmava pelos primos e via os adultos como "artesãos e comerciantes de interesses muitos limitados".[18] Emilie, como já disse, "volta-se" para a família de origem, os Preiswerk, e para os mortos, assombrações e que tais. Esses interesses de Emilie parecem-me curiosos, e quero, junto com os leitores, retê-los. É como se Emilie nunca tivesse se separado da família de origem para se casar com Paul Jung!

Christopher Bollas, no livro *Hysteria*[19] e em outros artigos, chama a família de origem de "quarto objeto" e dá uma dica interpretativa preciosa: as histéricas estão sempre voltadas para o "quarto objeto". É como se as histéricas nunca tivessem se separado da família de origem. No caso de Emilie, os mortos, fantasmas e assombrações são também uma extensão do "quarto objeto". Não tenho nenhuma pretensão de patologizar, mas esse traço histérico de Emilie quero manter presente nesta discussão pois, com ele, fica claro para todos que Emilie tem como foco a família Preiswerk e o transgeracional. Com essa "dica" interpretativa, Carl Gustav seria um filho de histérica, e sabemos quão forte é a presença da mãe para Carl, o filho do pastor. Presença forte na sua personalidade, mas, ouso também dizer, na teoria de Jung!

---

18 Deirdre Bair, op. cit., p. 36.
19 Christopher Bollas, *Hysteria*. Trad. de Monica Seincman. São Paulo: Escuta, 2000, pp. 208-9.

A mãe, sempre a mãe, parecia ter duas personalidades diametralmente opostas, uma aterrorizante e outra reconfortante na relação com Carl; isso o instigava sobremaneira.[20] Também os mortos que caíam – ou se atiravam – na corredeira do rio muito impressionavam Carl. O menino cresce e é um adolescente desajeitado; a família é pobre e Carl se interessa pela leitura e põe-se a ler na biblioteca do seu pai, o pastor. Sua irmã Trudi nasce quando Carl tem nove anos. Pai e mãe, a partir daí, dormem em quartos separados; mais precisamente, o pastor dorme no mesmo quarto de Carl. O humor de Emilie melhora muito, pois agora cuidava da filha e visitava os parentes Preiswerk, e esperava deliciada as aparições que, segundo ela, surgiam todas as noites em seu quarto.

Apesar da estranheza com que sua mãe é vista por quem lê as biografias e a autobiografia de Jung, ela não parece ser estranha a Carl, o menino Carl, que a considera uma boa mãe, ainda que suas ausências gerassem um afeto importante: uma certa desconfiança e uma apreensão em relação ao mundo.[21] Carl também, como parece ser o caso da mãe, cultiva as personalidades número 1 e 2. Jung as descreve assim: "o primeiro, filho de seus pais, que frequentava o colégio e que era menos inteligente, decente, aplicado, atento e asseado que os demais; o outro, pelo contrário, era um adulto, velho, céptico, desconfiado e distante do mundo dos homens".[22] Em vários momentos do

---

20 Deirdre Bair, op. cit., p. 40.
21 Carl Gustav Jung, op. cit., 1961, p. 44.
22 Ibid., p. 51. Essas duas personalidades o intrigavam muito e foram objeto de reflexão por toda a vida de Jung.

livro *Memórias, sonhos e reflexões*, Jung fala a respeito de suas duas personalidades que, para ele, não representam uma dissociação, mas são comuns a todos os seres humanos, ainda que muitos tenham dificuldades em mapeá-las. Gosto muito da maneira como descreve sua personalidade número dois, e isso porque não me passa despercebida sua sensibilidade romântica. O futuro psiquiatra ama a natureza, sente-se parte dela e descansa seu espírito embrenhando-se pelos bosques. Lembra-me Jean Jacques Rousseau nas *Confissões*. Essa sensibilidade reaparecerá nos seus escritos performáticos e teóricos:

> vivia em contato com a natureza, com a terra, com o sol, com a lua e com as intempéries, diante das criaturas vivas e principalmente da noite, dos sonhos e de tudo o que "Deus" evocava imediatamente em mim. Ponho a palavra "Deus" entre aspas, pois a natureza (eu inclusive) me parecia posta por Deus, como Não Deus, mas por ele criada como uma Sua expressão. Não me convencia de que a semelhança com Deus se referisse apenas ao homem. As altas montanhas, os rios, os lagos, as belas árvores, as flores e os animais pareciam traduzir muito melhor a essência divina do que os homens com seus trajes ridículos, sua vulgaridade, estupidez e vaidade, sua dissimulação e seu insuportável amor-próprio. Conhecia muito bem todos esses defeitos.[23]

---

[23] Ibid. Aí lemos um certo panteísmo, algo espinozista, um certo animismo. O animismo é recorrente na biografia de Jung. Também as pedras eram vistas como "animadas", e fala sobre a importância delas na filosofia *ojibwe*: "Assim que comecei a pensar nas pedras como seres animados, passei a imaginar se estaria pegando uma pedra ou pondo-me a mim mesmo em minha mão. As pedras não são a mesma coisa que eram para mim em inglês. Não

E, todavia, é o pai o grande problema de Carl menino, adolescente e adulto. O pai não é confiável para ele, Carl. Vou oferecer ao leitor a chave da desconfiança de Carl Jung em relação ao seu pai, o pastor Paul. Esta compreensão me leva a discordar de Winnicott e dos winnicottianos,[24] e acrescento desde já: a chave que apresento para o desconforto, a desconfiança de Carl Jung em relação a Paul Jung, será a mesma que Jung adulto enfrentará com Freud. Minha hipótese é que o pai pastor e o pai da psicanálise ocuparam o mesmo lugar na mente de Jung, um lugar difícil, marcado por uma forte ambivalência e diferentes campos de afetos. E é isso que explica para mim a ruptura entre Freud e Jung. Peço, então, um voto de confiança e de paciência dos leitores para acompanhar essa reflexão.

Pai e filho dormem juntos há muito tempo e, todavia, isso não cria familiaridade alguma entre eles. O pastor, quando Jung já estudava medicina, esteve muito doente e, embora dormissem no mesmo quarto, Carl Gustav não percebeu a doença! E, também não a percebendo, o pai faleceu. O pai vivia uma espécie de dissociação cultural que não escapou ao olhar sensível do menino, adolescente, jovem adulto; refiro-me a uma dissociação entre fé e vida. Seu pai era um burocrata da fé, sua espiritualidade não era viva. Carl Gustav Jung

---

consigo escrever sobre uma pedra sem pensar nela em Ojibwe, sem reconhecer que o universo Anishinabe começou com uma conversa entre pedras" (Deirdre Bair, "O Carl do pastor", op. cit.). Teoricamente, Jung aponta que todos os seres vivos têm arquétipos: os seres vivos têm conhecimento e pensam, já que pensar para Jung é livre associar imagens.

24 Donald W. Winnicott, "C. G. Jung: Resenha de *Memories, dreams and reflections*". In: Donald W. Winnicott, *Explorações psicanalíticas*. Trad. de José Octavio de Aguiar Abreu. Porto Alegre: Artmed, 1994; Zeljko Loparic, *Winnicott e Jung*. São Paulo: DWW Editorial, 2014.

deu-se conta precocemente dessa dissociação que não era sentida pela comunidade que frequentava o pastor. O problema de Carl, o filho do pastor, era o pai, não era a mãe...

Outra chance: ó, o Pai aqui

Antes da ruptura houve, certamente, uma relação e um tórrido caso de amor entre Freud e Jung. Em 1907, ocorre o primeiro encontro em Viena entre os dois. Jung, psiquiatra, já era então diretor clínico do Hospital Burghölzli e professor da Universidade de Zurique. Suíço, protestante, intelectual, já usufruindo de reconhecimento internacional... ariano. A convite de Freud, Jung o visita na sua casa e conversam muito, treze horas seguidas, em torno das suas descobertas, curiosas descobertas – o inconsciente e a forma de chegar a ele: a associação de palavras de Freud e o teste de associação de palavras de Jung e Franz Riklin no Hospital Burghölzli e, claro, os sonhos, pois Jung já lera e se fascinara com *A interpretação dos sonhos* (1900), do psicanalista vienense.

Por razões políticas, institucionais e intelectuais, Freud tem muito interesse em Jung, dezenove anos mais jovem que ele. Zeloso e ocupando o centro do movimento psicanalítico, atrair Jung para "a causa", como era chamado o movimento por Freud, era decisivo. Os intelectuais europeus desconfiavam do movimento psicanalítico fundado e frequentado só por judeus. O antissemitismo era então um dos principais obstáculos para o florescimento da nova ciência. Ora, Jung era bem-vindo exatamente por não ser judeu e, todavia, Jung, depois da ruptura, será apontado por psicanalistas como nazista e antissemita, e até hoje é assim; lamentável percepção, já que os psicanalistas assim procedem na "guerra entre as escolas", ignorando e recusando a realidade. E qual seria a motivação de Jung em relação a Freud? Conta-nos Jung nas suas *Memórias*: "Vi em Freud o homem mais velho, mais maduro, mais experimentado e, em mim, seu filho".[25] O considerava uma personalidade superior, na qual projetava a imagem do pai.[26] A devoção entre ambos tomou, insisto, uma forma filial: Freud como pai, Jung como filho.

Jung era um delicioso excêntrico, como era tradição na psiquiatria, e dotado de muita respeitabilidade. Bleuler e Jung, entre outros, inseridos na psiquiatria em um dos centros mais importantes da Europa, representavam a sofisticação da ordem científica. Ambos se interessaram pela psicanálise e teciam relações entre as duas disciplinas. Pelo viés da psiquiatria, o centro de Zurique para Freud era também uma maneira de inserir o jovem movimento psicanalítico nas universidades.

Jung, antes do primeiro encontro com Freud em 1907, já tinha lido *A interpretação dos sonhos*, que funcionou como uma isca para sua mente inquieta. Desde a primeira troca de cartas entre os dois, Jung expressou suas reservas em torno da primazia da sexualidade na teoria de Freud. No primeiro encontro e em um tom que Jung descreve como "muito apaixonado", Freud lhe diz:

---

[25] Carl Gustav Jung, op. cit., 1961, p. 142.
[26] Ibid., p. 146

"Meu caro Jung, prometa-me nunca abandonar a teoria sexual. É o que importa, essencialmente! Olhe, devemos fazer dela um dogma, um baluarte inabalável." Ele me dizia isso cheio de ardor, como um pai que diz ao filho: "Prometa-me uma coisa, meu caro filho: vá todos os domingos à igreja!". Um tanto espantado, perguntei-lhe: "Um baluarte – contra o quê?". Ele respondeu-me: "Contra a onda de lodo negro do...". Aqui ele hesitou um momento e então acrescentou: "... do ocultismo!". O que me alarmou em primeiro lugar foi o "baluarte" e o "dogma"; um dogma, isto é, uma profissão de fé indiscutível surge apenas quando se pretende esmagar uma dúvida, de uma vez por todas. Não se trata mais de um julgamento científico, mas revela somente uma vontade de poder pessoal. Esse choque feriu o cerne de nossa amizade.[27]

É interessante a interpretação de Jung em relação ao novo dogma, a sexualidade. Cito-o:

Parecia-me claro que Freud, proclamando sempre e insistentemente sua irreligiosidade, construíra um dogma, ou melhor, substituíra o Deus ciumento que perdera por outra imagem que se impusera a ele: a da sexualidade. Ela não era menos premente, imperiosa, exigente, ameaçadora e moralmente ambivalente.[28]

Algo não escapou ao olhar atento e, por que não dizer, religioso de Jung: "Freud – tal era a minha conclusão – deve ter sido de tal forma subjugado pelo poder de Eros, que

---

27 Ibid., p. 136.
28 Ibid., p. 137.

procurou levá-lo, como um *numen* religioso, ao nível de dogma *aere perennius* (de dogma eterno)".²⁹ E ainda:

> Minha conversa com Freud mostrara-me quanto ele temia que a clareza numinosa de sua teoria sexual fosse extinta por uma onda de lodo negro. Assim, criava uma situação mitológica: a luta entre luz e trevas. Essa situação explica a numinosidade da questão e o recurso imediato a um meio de defesa, tirado do arsenal religioso: o dogma. [...] A interpretação sexual, por um lado, e a vontade de poder manifestada pelo dogma, por outro, me orientaram no correr dos anos para o problema tipológico, assim como para a polaridade e a energética da alma.³⁰

Jung logo se torna o primeiro presidente da Associação Psicanalítica Internacional, que incluía psicanalistas de Berlim, Londres, Viena, Zurique, alguns dos Estados Unidos, e que eram, como insistimos, na sua maioria judeus, exceção ao galês Ernest Jones. Com Jung, o futuro da psicanálise parecia estar assegurado. Essas favas contadas mostraram logo sua fragilidade. A inveja e as intrigas entre os seguidores logo se fizeram sentir. A eleição de Jung, com seu grupo de Zurique, ameaçou dividir a Associação. Some-se a isso que, em junho de 1909, Freud passa a considerar Jung seu "sucessor e príncipe coroado"³¹ e, posteriormente, Jung adota o manto de "filho e herdeiro".³²

---

29 Ibid., p. 138.
30 Ibid., p. 139.
31 Deirdre Bair, op. cit., p. 516.
32 Ibid., p. 208.

Os demais discípulos de Freud não aceitaram placidamente e revoltaram-se contra a preferência do mestre, por não terem sido eleitos e porque se sentiam preteridos e diminuídos. Apesar do esvaziamento que Freud insistia em dar a esses conflitos, eles só faziam aumentar.

Como vimos, Freud admirava muito Jung, entre outros motivos, em função do artigo "Psicologia da demência precoce",[33] escrito antes do engajamento de Jung no movimento psicanalítico. Nele, Jung, que já lia Freud, utilizou seus escritos para a interpretação teórica e compreensão da esquizofrenia. As divergências entre os dois pensadores ainda eram contornáveis, e a independência de seu herdeiro só fazia Freud exultar em sua escolha. E, a não ser por dois breves comentários, em 1894 e 1896, sobre delírio e psicose, o interesse de Freud era em torno das psiconeuroses. A entrada no pensamento psicanalítico para explicar os quadros esquizofrênicos encantou Freud. Doravante e através de Jung, a psicanálise, ao se inscrever na psicose, passou a rivalizar com a psiquiatria. O conceito de complexo, forjado por Jung, aludia a um cenário fantasmático, marcado pela fixidez e pela insistência, subjacente aos mais variados sintomas psíquicos em uma dada individualidade. Rapidamente, esse conceito passou a fazer parte da retórica psicanalítica. E com os complexos, um método associativo, que ajudava Jung na verificação de suas hipóteses. Com esse protocolo experimental, Jung poderia possibilitar o reconhecimento científico da psicanálise, pela produção de critérios objetivos de verificação. Tudo isso

---

33 Carl Gustav Jung, op. cit., 2013e.

agradava sobremaneira Freud, pois até então a psicanálise era uma prática marginal, refutada pela psiquiatria, bem como pela ciência e pela filosofia.

Bleuler também era uma espécie de pai para Jung, um pai de quem o filho consegue se separar, apesar da força do vínculo. O ano de 1908, o último ano de Jung no Burghölzli, foi bem tenso entre Jung e Bleuler, diretor do hospital. Otto Gross tinha fugido, pulando o muro do hospital, e isso contou muito negativamente para Jung na compreensão de Bleuler, já que Gross estava sendo tratado pelo psiquiatra suíço. Fracasso terapêutico de Jung para Bleuler e desrespeito às suas regras: assim foi vista a fuga de Otto, também influente psicanalista. Bleuler deixa de se referir a Jung como um "humilde estudante"; agora, editor do *Jahrbuch*, cujo primeiro número saiu no início de 1909, Jung se torna, nas palavras de Bleuler, um "rival triunfante" e um "gigante científico". Bleuler era codiretor do jornal, mas Jung resolvia tudo com Freud, sem dar primazia para Bleuler. É nesse momento também que Jung e Sabine Spielrein se aproximam e vivem algo além da admiração intelectual recíproca. Os filmes *Um método perigoso* (2012), de David Cronenberg, e *Jornada da alma* (2003), de Roberto Faenza, são excelentes documentos sobre todos esses personagens. O supervisor da dissertação de Sabine era Bleuler. A visita de Freud ao Burghölzli aproximou-o muito de Jung; eles ficam juntos de 18 a 21 de setembro, sem a presença de Bleuler, que depois dessa visita "pede a demissão de Jung". Freud e Jung conversam muito e Jung leva Freud para conhecer seus pacientes no hospital, entre eles Babette, uma esquizofrênica internada no Burghölzli há décadas. Ao conhecê-la, Freud diz para Jung algo que ele não esqueceu e possivelmente o magoou muito, pois até na velhice ainda se lembrava dessa fala de Freud; teria dito o psicanalista vienense: como você pode passar tanto tempo com essa mulher tão feia. Ora, Jung considerava os delírios de Babette tão lindos! — principalmente os que se referiam a Lorelei...[34] E também Jung aplicara em Babette o teste de associação de palavras e conseguira desvendar seus ininteligíveis delírios, trazendo à tona seus complexos, como depois publicará no volume IV das obras recolhidas, chamado *Psicose*. Realmente um artigo memorável. Foi também durante a visita de Freud ao Burghölzli que Jung ofereceu ao psicanalista vienense o livro *Memória de um doente dos nervos*, autobiografia publicada pelo ex-juiz da Corte da Saxônia Daniel Paul Schreber. Ansioso em um primeiro momento pela interpretação que Freud faria de Schreber, Jung não a apreciou positivamente. Valendo-se de sua teoria, Freud pensava que a esquizofrenia podia ser compreendida como algo da ordem da economia sexual e da conflitividade e, então, insistia na leitura sexual dos delírios e nos impasses identificatórios de Schreber. Segundo Jung, Freud "errou redondamente" porque não "conhece o espírito da esquizofrenia".[35] A diferença entre Freud e Jung se agigantou no que tange ao delírio e à psicose.

Para Freud, Jung está rumando na direção certa quando escreve "A importância do pai no destino do indivíduo",[36] parcialmente baseado na análise de Otto Gross, e é bem

---

[34] Deirdre Bair, op. cit., p. 199.
[35] Ibid., p. 199.
[36] Ibid., p. 202. Na última revisão, em 1948, o conceito de destino tornou-se "o arquétipo".

saboroso nos determos por um momento nesse artigo: "a influência de um pai, tanto hereditária como psicológica, era muito mais duradoura e tinha muito mais impacto sobre a família do que a mãe".[37] A psicanálise de então reconhecia o pai, não a mãe, e enfatizava o que depois ficou conhecido como "paradigma pulsional". Só posteriormente o paradigma psicanalítico se torna objetal e a mãe entra em cena.[38] Com Donald W. Winnicott e Christopher Bollas, a psicanálise vive o auge desse último paradigma. Estamos no início do movimento e é o pulsional, a libido enquanto energia sexual e a figura do pai, central na construção edipiana, que dão o tom da/na psicanálise. A libido sexual era lida como uma espécie de motor universal do desejo humano e fonte das conquistas pessoais e civilizacionais. Jung, no artigo citado, está afinado, temporariamente, com a importância do pai e, todavia, a noção de energia sexual, a libido freudiana, sua exclusividade, na montagem do psiquismo é um problema para ele. Jung inclina-se desde o início a pensar como fonte uma energia viva que muito mais tarde, em 1926,[39] aparecerá como "energia que advém da diferença dos opostos" e sua linguagem primeira, a fantasia. E, com essa ideia de energia, o processo de individuação ganhará um olhar diferente: um processo individuante permanente, tal como aparece no capítulo 3 do livro *A energia psíquica*, de 1928.

---

[37] Ibid., p. 201 e 515.
[38] Décio Gurfinkel, *Relações de objeto*. São Paulo: Blucher, 2017.
[39] Carl Gustav Jung, *Freud e a psicanálise* (OC IV). Trad. de Lúcia Mathilde Endlich Orth. Petrópolis: Vozes, 2013d.

Só recentemente, na primeira e na segunda década do século XXI, pudemos ter a real compreensão do que essas divergências poderiam vir a significar: a libido sexual como motor do desejo humano e chave para conquistas pessoais e civilizacionais que aparecia de maneira próspera e brilhante nos inícios do século XX – no auge da "máquina antropológica", descrita por Giorgio Agamben – ajudou a construir a figura do antropocentrismo, ao separar o ser humano de todos os demais seres. Ora, em anos recentes, no século XXI, essa mesma figura aparece como a base da catástrofe climática e ecológica! A psicanálise sempre separou a pulsão humana do instinto animal, e essa separação também nos permite compreender a máquina antropológica, entendida, como já insistimos, na busca do que é próprio do homem em relação a todos os demais seres vivos. Ciências e filosofias ocidentais não criaram a ontologia naturalista ocidental (basicamente a relação separada entre natureza e cultura),[40]

---

[40] Conferir a nota 3 de "Com a palavra, o cão farejador", nesta obra. Os antropólogos (Philippe Descola, Mauro de Almeida, Eduardo Viveiros de Castro, entre outros) trouxeram à luz ontologias diversas e, com elas, múltiplos estatutos de realidade. Ressalto neste momento Descola, que, através de sua etnografia, e contando com uma pesquisa erudita, desvela quatro ontologias. Na base dos diferentes sistemas ontológicos há uma característica humana, que Descola considera universal: a distinção entre experiência "interna" e mundo "externo". Essa diferenciação originária é acompanhada de outro mecanismo cognitivo fundamental: os tipos de relação que se estabelecem entre o interno e o externo, ou seja, as "modalidades de identificação". São elas: 1) a ontologia naturalista do Ocidente moderno pauta toda sua compreensão em uma radical distinção entre natureza e cultura; a experiência interna, a alma, a subjetividade, está associada aos humanos; a todos os demais seres isso é negado; 2) na ontologia animista (povos nativos das Américas), a experiência interna é um atributo potencialmente universal e comum a todos os entes; todos os seres são animados e mantêm entre si, digamos assim, um intenso diá-

mas a sofisticaram de mil maneiras. Esta separação entre o ser humano e os demais seres é o impulso para o progresso da civilização ocidental, tendo como base a natureza que, na modernidade, se transformou em "recursos naturais" a serviço da ciência e da tecnologia; é esse desenvolvimento voluptuoso que nos permite compreender o que os cientistas chamam de Antropoceno e a catástrofe em que estamos mergulhados. Ao recusar a primazia da sexualidade e a derivação dela de todos os bens civilizacionais, Jung acabou por voltar-se para uma filosofia genética e uma energia que advém da relação e diferença dos opostos, prenúncio de um pensamento animista no Ocidente, e isso não é nada desprezível no momento atual.

Mas voltemos ao século XX. O apogeu da relação entre Freud e Jung, e também sua primeira rachadura, se dá em 1909, quando ambos, entre outros psicanalistas, foram para os Estados Unidos convidados a palestrar.

Durante um almoço, após uma turnê, quando estavam partindo para os Estados Unidos, Jung achou por bem

---

logo, um mundo de conexões; 3) na ontologia totemista (aborígenes da Austrália), os entes e os lugares da terra de onde provêm (seres humanos, animais, objetos, localidades) se distribuem em blocos diferentes, com propriedades *sui generis*, a partir de um mesmo princípio totêmico, e há uma íntima correspondência, quase uma coincidência, entre as experiências interna e externa; 4) para a ontologia analogista (China antiga, México na época da conquista), os entes diferem tanto do ponto de vista interno como externo e as relações entre eles devem ser construídas e reconstruídas incessantemente. Cada uma dessas ontologias tem um regime particular de temporalidade, e só a ontologia do Ocidente é marcada pela flecha do tempo, "para a frente", em um progresso sem fim! (Philippe Descola, *Para além de natureza e cultura*. Trad. de Andrea Daher e Luiz César de Sá. Niterói: Eduff, 2023; Id., *Outras naturezas, outras culturas*. Trad. de Cecília Ciscato. São Paulo: Editora 34, 2016).

conversar sobre o que tinham visto naquela manhã em Bremen.[41] Um incidente aí produziu-se, dando margem a muitas discussões: a síncope de Freud. Nos conta Jung, foi provocada – indiretamente – pelo interesse que demonstrava pelos chamados "cadáveres dos pântanos" europeus – homens afogados ou enterrados em pântanos que, devido aos ácidos do ambiente, passavam por uma espécie de mumificação natural, com preservação da pele e dos cabelos. Dando a palavra para Jung:

> Eu pensava novamente sobre esses cadáveres, cuja história havia lido em Bremen, mas minhas lembranças se emaranhavam e eu os confundia com as múmias das jazidas de chumbo de Bremen. Meu interesse enervou Freud. "Por que você se importa com esses cadáveres?", perguntou-me várias vezes. Era claro que o assunto o irritava e, durante uma conversa sobre isso, à mesa, ele teve uma síncope. Mais tarde, disse-me que estava persuadido de que a conversa acerca de cadáveres significava que eu desejava sua morte. Fiquei extremamente surpreendido com essa opinião! Espantei-me, principalmente, por causa da intensidade de suas fantasias, a ponto de causar-lhe uma síncope.[42]

Freud culpou Jung de ter provocado a síncope por um "ato de resistência contra o pai" e pelo "desejo de morte" dele.[43]

Os demais, Sándor Ferenczi e Emma Jung, esposa do psiquiatra suíço, também viam Freud e Jung numa relação

---

41 Carl Gustav Jung, op. cit., 1961, p. 141.
42 Ibid., p. 141.
43 Deirdre Bair, op. cit., pp. 214-5.

de pai e filho.[44] Aliás, Jung parecia ser um suplicante perante a autoridade patriarcal de Freud.[45] Emma em particular cuidava, ao escrever para Freud, com quem mantinha uma relação pessoal e calorosa, de defender a independência de Jung, já que isso não "reforçaria a relação pai-filho entre os dois".[46] Em outra carta a Freud, Emma, orgulhosa de que seu marido tivesse sido escolhido por Freud como seu sucessor, quase lamentava a postura de Freud, um velho para os padrões da época, com 56 anos, que, na percepção dela, olhava para Jung com "um sentimento de pai: 'ele vai crescer mas eu tenho de encolher'".[47] É essa paternidade que Freud impõe e que Jung acaba por rejeitar; é nessa filiação que Freud insiste, é dessa filiação que Jung desiste.[48] Freud-pai e Jung-filho, relação permeada pelo dogma da sexualidade, remete Jung a um antigo conflito, o conflito com o pai-pastor e a um outro dogma, o dogma do sagrado contra a fé viva.

Dito de outra maneira, era insuportável para Jung a dissociação do pai, pastor: entre o dogma e a fé viva. Algo dessa dissociação religiosa-cultural reaparecerá em Freud: a sexualidade para ele, pensa Jung, é um dogma, e como dogma não ressoará a vida viva. O conflito será reproposto para Jung com a insistência de Freud em assumir o lugar paterno na relação com o jovem psiquiatra. É esse o conflito que será revivido. Jung não elaborou o conflito com o pai, o pastor, e não conseguirá reelaborar com Freud; a ruptura entre eles

---

44 Ibid., p. 264.
45 Ibid., p. 253.
46 Ibid., p. 266.
47 Ibid., p. 267.
48 Ibid., p. 253.

lançará Jung no que ele chamou processo de individuação. Esta é minha hipótese neste ensaio: Jung tem algo mal resolvido (uma certa desconfiança em relação ao pai e a sua fé, seguidor de dogmas, não tendo feito uma experiência de "fé viva") com o pai-pastor e não com a mãe – como insistem as leituras winnicottianas sobre a infância de Jung.[49] Freud, seu grande mestre em um primeiro momento, sofre, aos olhos de Jung, do mesmo mal: a sexualidade é defendida como dogma, e com isso Freud despreza a energia da vida viva.

Essa relação, suposta, entre Freud-pai e Jung-filho nos interessa para responder à pergunta: e se Jung tivesse aceitado a generosa mão paterna de Freud e se tornasse, de fato, o príncipe herdeiro, o que teria acontecido na área psi e na cultura?

Freud teve mais uma síncope durante o congresso psicanalítico de Munique, em 1912. Alguém começara uma conversa sobre Amenófis IV; sublinhava-se o fato de que, devido a sua atitude negativa em relação ao pai, ele destruíra as vinhetas deste, nas efígies reais, e que havia um complexo paterno na origem de sua importante criação de uma religião monoteísta. Na compreensão da biógrafa Deirdre Bair, o desconhecido que puxou esse assunto sabia quão controverso era o tema entre Freud e Jung, pois Freud tinha alardeado para muitos que Jung tinha um complexo paterno contra ele. Freud pensava: como parte do "desejo de morte" contra o seu pai, Amenófis teria destruído todas as efígies reais do pai, ou seja, o seu nome, onde quer que aparecesse nos monumentos. Isso irritou Jung, e, na conversa, ele procurava mostrar que Amenófis fora um homem criador e profundamente re-

---

49 Ver nota 25 do presente ensaio.

ligioso, cujos atos não podiam ser explicados por meros atos de resistência a seu pai. Pelo contrário, honrara a memória do pai, e seu zelo destruidor só se dirigira contra o nome do deus Amon, que ele mandara apagar em toda parte. Outros faraós – argumentara Jung – também haviam substituído, em monumentos e estátuas, os nomes de seus ancestrais reais ou divinos pelo próprio nome. Acreditavam-se autorizados a fazer esse gesto, já que eram encarnações do mesmo deus. E, todavia, não haviam inaugurado nem um novo estilo, nem uma nova religião.[50]

Freud desmaia mais uma vez. Nós o cercamos, sem saber o que fazer – conta Jung.

> Tomei-o, então, em meus braços, conduzi-o até o quarto vizinho, estendendo-o num sofá. Enquanto o carregava, vi que ele voltava um pouco a si, me olhando do fundo de sua aflição, com uma expressão que jamais esquecerei. O que quer que tenha contribuído para esse desmaio – a atmosfera era tensa –, esses dois casos têm em comum a fantasia do assassínio do pai.[51]

A queixa de Freud em relação a Jung é a de que os homens mais jovens não sabem lidar com seus "complexos paternos".[52] Nisso Freud tem toda razão. Mas, como dirá Jung a respeito de Amenófis, uma personalidade criativa pede para ser compreendida, algo mais que a figura do Pai. Concordo com Jung!

---

50 Carl Gustav Jung, op. cit.,1961, p. 142.
51 Ibid., p. 142.
52 Deirdre Bair, op. cit., pp. 285 e 306.

A ruptura entre os dois está próxima. "Tome sua total liberdade", escreveu Freud na carta de 3 de janeiro de 1913, "e poupe-me de seus supostos sinais de amizade".

Quando o confronto e o fim da relação entre Freud e Jung acontece, Jung vive um longo e sofrido processo de individuação. Dessa experiência (que vai do rompimento com Freud em 1912-1913 até 1919-1920, quando publica *Tipos psicológicos*) nasceram, ao longo dos anos, os seus principais conceitos: o processo de individuação, a energia psíquica, a fantasia (linguagem primeira da energia dos opostos), mãe de todas as possibilidades cultural-existenciais, e com isso a liberação de um pensamento genético, os arquétipos, a regressão e a progressão como o mais importante fenômeno psíquico, a adaptação e a desadaptação, a relação entre o indivíduo e o coletivo, o símbolo, a função transcendente, a espiritualidade, a sincronicidade etc. Fazendo a experiência do processo de individuação, Jung vê emergir nele uma nova forma, uma nova forma que será enunciada por ele repetidas vezes nos seus escritos. O que resulta, provisoriamente, do seu longo processo individuante é a compreensão de que não existem indivíduos na acepção moderna dados de uma vez por todas, acabados, identitários, do berço ao túmulo "sempre os mesmos", como insistentemente dizemos. Antes, como nos diz belamente Guimarães Rosa, "o mais importante e bonito, do mundo, é isto: que as pessoas não estão sempre iguais, ainda não foram terminadas – mas que elas vão sempre mudando". Jung dá-se conta exatamente disso: a forma, nossa forma, em função das individuações, nunca está acabada, terminada e pode sempre ser trans-formada. Nesse sentido somos todos "formação sem forma".

Totem e tabu: o pai da cultura

Momentos antes do rompimento entre Freud e Jung, ambos escreviam livros: *Totem e tabu* (1913), de Freud, e *Transformações e símbolos da libido* (1911-1912) – posteriormente *Símbolos da transformação* (1952) –, de Jung. *Totem e tabu: algumas concordâncias entre a vida psíquica dos homens primitivos e a dos neuróticos*, segundo as palavras do autor, é a tentativa de aplicar perspectivas e resultados da psicanálise a problemas ainda não solucionados da psicologia dos povos. Aliás, Freud foi estimulado a assim proceder pela Escola de Zurique, particularmente Jung, que tentava resolver problemas da psicologia individual com o auxílio de material etnológico.[53]

A primeira parte do trabalho mencionado de Jung foi publicada antes de *Totem e tabu*, e nela o psiquiatra suíço, em um longo capítulo, mostrava como mitos clássicos e lendas universais podiam ser usados para expressar conceitos psicológicos. Essa afinidade Jung buscou por toda a vida. E, nessa publicação, aparece também pela primeira vez a crítica de Jung à noção de libido de Freud, e então à primazia da sexualidade. Como já insistimos, trata-se de uma primeira crítica com a presença de outros instintos à noção de libido.[54] Infelizmente, tanto junguianos quanto os psicanalistas contentam-se com essa primeira crítica:

---

[53] Sigmund Freud, *Totem e tabu: Algumas concordâncias entre a vida psíquica dos homens primitivos e a dos neuróticos*. Trad. de Paulo César de Souza. São Paulo: Companhia das Letras, 2013, p. 5.
[54] Carl Gustav Jung, "Sobre o conceito de libido". In: Carl Gustav Jung, op. cit., 2013f.

Jung teria "alargado os instintos" – em relação à sexualidade! Não raro dizem também que Jung teria dessexualizado (sic) a energia, como se isso fosse possível para um ser pensante. Psicanalistas reafirmam essa ideia, mesmo um psicanalista do porte e sofisticação de Joel Birman – como anteriormente apontamos. Os analistas junguianos também o fazem; não são raros os que dizem que a individuação em Jung se dá por um "impulso essencial",[55] "impulso de individuação",[56] "tendência inata" (impulso, imperativo, energia) –[57] negando a ideia de energia em Jung, energia que advém da diferença dos opostos e que está nos principais e significativos artigos e livros de Jung. E por isso, não raro os psicólogos junguianos se re-batizam como psicanalistas junguianos. Estão certos, se tornaram psicanalistas! Ambos psicanalistas e analistas junguianos na "hora h" da discriminação conceitual – e também de uma práxis clínica – exercem-se na ignorância militante. Sendo mais amena na crítica, sugiro que, quando um grande autor desenha uma nova roupagem conceitual, novos conceitos para novas experiências, às vezes nem o autor que está a elaborar esses novos conceitos percebe bem o que está a fazer. É possível citar muitos autores que se manti-

---

55 Andrew Samuels, Andrew Shorter e Bani Plaut, "Freud". In: *Dicionário crítico de análise junguiana*. Trad. de Pedro Ratis e Silva. Rio de Janeiro: Imago, 1988, p. 107.
56 Ibid., p. 110.
57 Marco Heleno Barreto, *Pensar Jung*. São Paulo: Loyola/Paulus, 2012, p. 91; Roque Tadeu Gui, Humbertho Oliveira e Rubens Bragarnich, *O insaciável espírito da época: Ensaios de psicologia analítica e política*. Petrópolis: Vozes, 2021, p. 68; Murray Stein, *Jung e o caminho da individuação: Uma introdução concisa*. Trad. de Euclides Luiz Calloni. São Paulo: Cultrix, 2020, p. 12.

veram cegos para a grandeza e pontos da sua obra. Jung é um desses: em alguns momentos percebe, em outros não. Quem o segue, em geral, associa-o ao que já é muito conhecido, muito assimilável teoricamente. Podemos pensar assim, com essa leveza, a ignorância militante. Há, todavia, outras razões para esse exercício, e não são tão nobres. Estão a serviço de quê?

Esse tipo de ignorância ajuda os psicanalistas a promoverem a "guerra entre as escolas"; os junguianos, através dela, rebaixam e empobrecem a teoria, a compreensão e o papel de Jung na cultura. Afinal, para formar exércitos de analistas junguianos – assim como psicanalistas –, é preciso empobrecer muito a teoria, as análises e o trabalho da alma mental-psíquica-emocional-espiritual. Sempre há exceções e vivemos de exceções.

E, com isso, toda essa "sofisticação do empobrecimento", toda essa ignorância militante, perde o que é de fato importante na teoria de Jung: a energia fruto da diferença entre os opostos e, com essa ideia de energia, o gesto inaugural de Jung de uma filosofia genética – presente nos pré-socráticos – e soterrada culturalmente por Platão e Aristóteles! Ao longo deste ensaio, citaremos os artigos e livros de Jung sobre essa questão.

Neste momento me interessa responder como opera a Lei Paterna e a Lei da Cultura, em Freud, no livro *Totem e tabu*, escrito no auge do conflito entre ambos, e então responder à pergunta que é o mote deste capítulo: e se Jung tivesse se tornado o "príncipe herdeiro" da psicanálise, quais teriam sido as implicações intelectuais e culturais disso?

Totem e tabu, ancorando-se em estudos antropológicos do final do século XIX e início do século XX (Robertson

Smith, James Fraser etc.), e também no psicólogo experimental interessado no social e no coletivo Wilhelm Wundt, busca compreender como se fundam os laços humanos; conta com quatro ensaios: os dois primeiros sobre o totem e o tabu; neles Freud pesquisa a ambivalência, o sentimento de culpa e a projeção, fazendo interessantes ligações com a neurose e particularmente a neurose obsessiva. O terceiro ensaio, "Animismo, magia e onipotência dos pensamentos", um dos mais conhecidos e criticados, versa sobre os três estágios civilizatórios: o animismo, o religioso e o científico. O quarto ensaio, "O retorno do totemismo na infância", elabora a construção de uma narrativa mítica sobre o assassinato do Pai primordial, e nele a resposta a questões inscritas no complexo de Édipo.

Freud retoma uma hipótese de Charles Darwin sobre os inícios da civilização ou da humanidade: homens/primatas viviam em hordas e o macho dominante mantinha para si as fêmeas. Quando outros machos cresciam, eram expulsos da horda. Em uma primeira elaboração, faz paralelos com a análise do pequeno Hans (retorno do totemismo na infância) e o medo de Hans dos cavalos. A hostilidade intensa de Hans projetada no pai/cavalo em função do complexo de Édipo. O cavalo como totem de Hans, nessa fantasia, no lugar do pai. Esses e outros paralelos são importantes porque há uma relação entre o mito que funda a cultura, o mito do assassinato do pai primordial e o complexo de Édipo.

Em algum momento, no mito construído por Freud, os filhos expulsos se reuniram, mataram o pai e o devoraram. Ora, o pai, rival de seus filhos, era também o modelo, referência, e, como tal, admirado pelos filhos. Isso gera o sentimento de culpa nos filhos e também uma pergunta: agora com as mulheres disponíveis para eles, quem ocupará o lugar do Pai? Se tivessem ocupado esse lugar, uma guerra fratricida entre os irmãos ocorreria. Para evitá-la, elegem um totem que os representa e com o qual se identificam. O totem agora ocupa o lugar do Pai primordial, como símbolo. Com isso, abrem mão das mulheres do grupo a que pertencem e vão buscá-las em outro grupo. O totem institui uma necessidade de devoção e de exogamia. Dois tabus fundamentais que organizam o social e que têm a ver com a sua (de Freud) clínica e que chamou de complexo de Édipo: não matarás o pai e os irmãos e não terá relações sexuais com a mãe. Vale dizer, os estudos antropológicos e a clínica de Freud o levam para sua tese central: por que o desejo sexual é tão relevante? Por que a sexualidade é tão central na constituição psíquica? A hipótese do parricídio faz com que o horror ao incesto e o totem caminhem juntos. Um ato aconteceu e deu origem à civilização: o assassinato do pai. E esse ato se transmite a cada geração através da compreensão filogenética.[58]

---

58 A interpretação de Lacan sobre *Totem e tabu* é bastante interessante: Freud teria construído nesse livro um mito, um mito moderno: pai simbólico é pai morto desde sempre, já que nascemos em uma ordem já estabelecida de leis, de linguagem que nos diz os lugares que devemos ocupar, quais as ordens de satisfação, de parentesco, o que é proibido. Nessa ordem simbólica, o desejo sempre escapa, um furo inscrito nessa ordem. É impossível, através da linguagem, dar sentido final à sexualidade, ao amor, à morte, à origem, ao gozo. Não existe o sentido último para as coisas; nesse escape, nesse furo, nessa impossibilidade de saber tudo produzimos algumas histórias e fantasias, por exemplo, o complexo de Édipo e o assassinato do Pai primordial. Ver o vídeo de Hélio Miranda, "Totem e Tabu: Textos de Freud". Disponível em: https://www.youtube.com/watch?v=7kCpLEogD8c. Acesso em: 7 abr. 2025.

Dessa narrativa mítica deriva o surgimento das religiões monoteístas e, com elas, a glorificação do pai. Com a função paterna/lei social, o registro do intelecto e do raciocínio abstrato deixa para trás o registro da sensibilidade e da evidência corporal. A função/ordem paterna se torna fundamental quando se pensa que a cultura deve dominar a natureza, o psiquismo deve dominar o corpo, o simbólico prevalecer sobre o orgânico. A civilização se sobrepor ao indivíduo.

Esse raciocínio é tão forte na psicanálise, inclusive a atual, que não podemos deixar de citar o saudoso Hélio Pellegrino, no artigo escrito na década de 1980, que ainda ressoa nas psicanálises como se tivesse sido escrito ontem. Refiro-me ao "Pacto edípico e pacto social (da gramática do desejo à sem-vergonhice brasílica".[59] Pellegrino escreve esse artigo no período final da ditadura militar no Brasil e, todavia, suas ideias são absolutamente pertinentes na contemporaneidade, com o fascismo ganhando forças no mundo e, particularmente, nos ameaçando no Brasil. As ideias de Pellegrino são uma espécie de paradigma na psicanálise e sempre podem ser reatualizadas, e nelas quero enfatizar a fina e sofisticada relação entre o pacto edípico e o pacto social. Quando o pacto social se rompe, o pacto edípico também se rompe, e essa ruptura destrói no mundo interno o significante paterno, o Nome do Pai e, como consequência, o lugar da Lei – daí a emergência dos impulsos delinquenciais e pré-edípicos ou a volta do recalcado. O Pai é o representante junto à criança da Lei da Cultura, da Lei Social. Quem não realiza essa travessia,

---

59 *Folha de S.Paulo*, 11 set. 1983.

inscrita no complexo de Édipo, corre sério risco de ficar agarrado à mãe, fusionado e indiferenciado da/na mãe. Pellegrino dá um exemplo saboroso, relatando o sonho de um paciente, sonho muito expressivo:

> O sonhante está fechado numa cabine de navio em naufrágio. A água sobe, ele vai afogar-se. Olha para cima e percebe uma vigia de vidro, por onde poderia sair, se conseguisse rompê-la. Desesperado, lança mão de uma longa barra de ferro, que está a um canto da cabina e, com ela quebra a vigia.[60]

Na interpretação de Hélio Pellegrino, a barra de ferro representa o falo paterno e a força do Pai de cuja ajuda o sonhante necessita para escapar ao mortífero desejo de retorno ao útero materno, o oceano – ou ao engolfante e todo-poderoso desejo da mãe. Esse significante paterno, resgatado durante o processo analítico, também significa que o paciente abriu mão do projeto incestuoso e internalizou a proibição do incesto, e então se identifica com os valores paternos, tornando-se parte da sociedade humana. Uma espécie de lei primordial que marca a passagem – o salto – da natureza para a cultura. É o advento triádico, a liberdade e a autonomia da criança.

---

60 Ibid.

Vou abrir outro caminho: Pai, olha aqui...

Agora podemos retomar a pergunta e parcialmente dar uma resposta, motivo deste ensaio: e se Jung tivesse aceitado a generosa mão paterna ofertada por Freud, o que teria acontecido?

Jung provavelmente seguiria como príncipe herdeiro da psicanálise e usaria ele também um anel de fidelidade. Como já vimos, os discípulos de Freud estabeleceram com o mestre um pacto e acordaram que não se podia questionar os fundamentos do discurso freudiano, coroando esse pacto pelo uso de um anel. Na condição de príncipe herdeiro, é também uma aposta minha que Jung daria vazão a uma linha de pesquisa muito apreciada por Freud, que se manifestara vivamente quando da publicação do artigo "A importância do pai no destino do indivíduo". Aliás, esta foi a passagem que Freud insistentemente ofereceu a Jung: a mão do pai! Ofereceu Édipo a Jung, pedra angular da estrutura intrapsíquica e do processo civilizatório, na compreensão da psicanálise. Civilização que ocupa o primeiro lugar na mente dos psicanalistas, na mente de Freud inclusive, em relação ao indivíduo, ainda que sofrente. A condição para isso era que Jung renunciasse a seus desejos incestuosos, metaforizados pelo próprio oceano no exemplo acima, e também renunciasse aos seus desejos parricidas; desejos atribuídos a Jung por Freud.

A teoria psicanalítica sobre o processo legislativo centra-se nesse período, o período edípico. O pai é o legislador. Na leitura lacaniana de Freud, já vimos, o Nome-do-Pai representa as regras e regulamentações de uma cultura. Quando a criança está envolvida na luta edípica, ela descobre que não pode mais ter acesso direto à mãe. Ela aprende que sua existência foi precedida pela união do pai e da mãe e, em particular, pela vida sexual deles. Para que se desenvolva, agora é necessário que a criança integre o pai ao sistema psíquico, à personalidade, e, com isso, assimile a realidade, relacione-se com ela e passe a utilizá-la de maneira criativa e produtiva. Na ausência dessa integração – na impossibilidade de tomar a barra de erro, quebrar a vigia e salvar-se do naufrágio –, afoga-se no seio da mãe, o oceano, e morre para a sublimação, a cultura e o pensamento! Haveria uma terceira via entre esses dois polos?

Neste pequeno-grande drama encenado por esses dois preciosos personagens, o NÃO de Jung à mão que Freud generosamente lhe oferecia terá sérias consequências nos dois campos: no campo psicanalítico e no campo da cultura.

O campo psicanalítico é muito devedor desse conflito, como vimos anteriormente com a ajuda do psicanalista Joel Birman, e ressoou-o ao longo do tempo. Sem o debate que envolve os dois gigantes, não conseguimos compreender como essa relação marcou a ferro e a fogo o imaginário do movimento psicanalítico. Essa cena originária repete-se porque os ingredientes e as dimensões aí inscritos foram relançados em outros momentos e contextos históricos, indicando que as mesmas questões de outrora continuam presentes na comunidade psicanalítica. Esse osso duro (a formação inconsciente) repetiu-se múltiplas vezes com Freud vivo; lembremo-nos de Victor Tausk, Otto Rank, Sándor Ferenczi e também, depois, Jacques Lacan, excluído simbolicamente da Associação Internacional de Psicanálise (IPA) em 1953. Também nos adverte Birman, essa matriz repetitiva não ficou restrita ao campo da IPA, "mas se transmitiu [...] para o movimento lacaniano, que a realiza hoje ainda em toda a sua eloquência". Restou então para a comunidade psicanalítica uma herança maldita, porque os membros dessa comunidade repetem algo que é da ordem do sintoma e do inconsciente. E não podem fazer senão isso a menos que elaborem esse conflito. Ainda para Birman, isso evidencia, quem diria (!), uma dificuldade fundamental, presente na comunidade psicanalítica: a de conviver com a diferença, de tal modo que, se esta se coloca em qualquer registro, o seu desdobramento é a exclusão do infiel e do transgressor. Cito Birman:

> [...] tudo isso realizado sempre em nome da doutrina, que, como pressuposto transcendental no mundo das ideias, delineia a existência de uma comunidade teológica-política. [...] É essa cena repetitiva, que ainda nos assalta nos dias de hoje, que deve ser desconstruída na atualidade.[61]

A recusa de Jung da mão de Freud terá também outras consequências intelectuais e culturais. Sempre tendo em conta a interpretação psicanalítica, Jung retorna à ordem materna, ao oceano. E, frente a esse retorno, a primeira pergunta que precisamos nos fazer é se nela, na ordem materna, há criatividade cultural. Pergunta difícil e evitada por muitos. Outros herdeiros da psicanálise também criaram cultura, saídas culturais, a partir da ordem materna, e aos poucos se deixam ver, aos poucos aparecem. O que dizer de Sándor Ferenczi? De Donald W. Winnicott?

---

61 Joel Birman, op. cit.

Jung abraçou e se deixou guiar pela ordem materna. Faço aqui um breve parêntese para que o leitor compreenda que a mãe, o materno em Jung, é pensada de maneira diferente em relação à psicanálise.[62] Nos inícios, a mãe é a contraparte do pai, no casal parental, e "sair da infância" é libertar-se da adaptação aos pais; caso contrário, o adulto reage ao mundo como uma criança perante os pais, exigindo amor e recompensa afetiva imediata. Desvincular-se da mãe e renunciar a todos os vínculos e restrições do tempo da infância é o *sacrifício* exigido.[63]

Na vida adulta, porém, não raro, a libido introverte, e com essa mudança de direção o indivíduo une-se a si mesmo e, claro, tal se dá não por um ato de vontade, pois ninguém se impõe esse tormento; essa mudança de direção da energia, da libido, para o mundo interior simplesmente lhe acontece. Quando a libido se volta para o inconsciente é como se voltasse para a mãe, contra o que se opõe o tabu e o medo do incesto. Cito Jung: "Nesta etapa, o símbolo materno não mais se refere retroativamente ao começo, mas ao *inconsciente como matriz criadora do futuro*. O 'penetrar na mãe' significa então: estabelecer um *relacionamento entre o eu e o inconsciente*".[64]

Para Jung, no sentido mais radical do termo, tudo que há emerge do inconsciente coletivo/da energia psíquica: o gigantesco útero brotante de onde tudo que há advém e nos transforma incessantemente. As ideias de Jung em torno

---

[62] Carl Gustav Jung, "Símbolos da mãe e do renascimento", "A luta pela libertação da mãe", "A dupla mãe", "O sacrifício" (Jung, 2013f).
[63] "A luta pela libertação da mãe" (Ibid., p. 296).
[64] Ibid., p. 293 (grifos meus).

do processo de individuação são completamente diferentes do que é anunciado pelas psicanálises – tanto no paradigma pulsional quanto no paradigma das relações de objeto. A compreensão de Jung em relação ao que ele chama de inconsciente coletivo permite-lhe uma base comum, genética para todos os seres existentes. Essa usina energética, cuja linguagem primeira é a fantasia, nos irmana a todos e a tudo que existe. Eis a grande diferença em relação às psicanálises. Somos nós, seres humanos, mas também os demais seres, as diferentes culturas, uma espécie de bordado em torno de um turbulento e tenso campo energético e, com isso, sujeitos a individuações permanentes. Sujeitos à dissolução das formas/estruturas e abertos a futuras coagulações, para me valer da linguagem alquímica, tudo que há se transforma incessantemente. É desse campo de forças tensas e densas que deduzimos as pistas da "metafísica" – uso esse termo com licença poética —[65] enunciada por Jung, entretendo seus leitores, que não se cansam de tentar adivinhar o quebra-cabeça por ele montado. E não por acaso Jung vislumbra uma civilização em transição.

É por isso que o conflito entre Freud e Jung é tão central e, se não o levarmos em conta, oculta o que há de mais genuíno na psicologia analítica – também chamada com-

---

[65] Jung é um autor fortemente empírico; suas proposições são imanentes e, por isso, me valho do termo metafísica com licença poética. Infelizmente, falar em metafísica nos remete ao racionalismo e, no limite, ao mundo platônico das Ideias. Nesse sentido, Jung *não* é metafísico. Nos dias que correm, o campo metafísico entra de novo em disputa e, não por acaso, Eduardo Viveiros de Castro tem um livro chamado *Metafísicas canibais* (São Paulo: Ubu Editora, 2018).

plexa. Quando Jung insistentemente recusa a generosa mão de Freud que funciona como a barra de ferro/falo paterno que permite ao sonhante de Hélio Pellegrino quebrar a vigia e escapar do naufrágio; quando essa recusa se dá, Jung se permite uma passagem muito importante. Se tivesse aceitado a oferta de Freud, ele se tornaria o "príncipe herdeiro", um psicanalista a mais no mundo, usando um estranho anel, organizando em si mesmo, ainda uma vez, a Lei Paterna e com ela e nela a Lei Social, em uma palavra, o patriarcalismo e a cultura ocidental. A não aceitação o leva de novo para a ordem materna, o inconsciente coletivo, o processo de individuação e, com isso, uma crítica contundente à civilização moderna ocidental.

Simondon individuou o conhecimento de um sem-número de filósofos e de cientistas, entre eles Jung. O psiquiatra suíço liberou muitos conceitos para Simondon, que soube muito bem o que fazer com eles, se tivermos em mente os regimes de individuação do inorgânico, dos seres vivos, psíquicos/coletivos, transindividuais/de grupo/do conhecimento. E Gilles Deleuze e Félix Guattari são impensáveis sem Simondon, e ofertaram ao mundo o "corpo sem órgãos", uma das maneiras mais criativas de pensar a individuação.

Esses autores nos ofereceram passagens para um outro mundo possível...

2

O processo de individuação em C. G. Jung
(à luz de Gilbert Simondon)

Farejando pistas

Ter presente Gilbert Simondon, a obra toda desse filósofo, seria muita pretensão da minha parte; refaço então a proposta: terei em vista uma das partes de sua tese de doutorado,[1] *A individuação à luz das noções de forma e informação*, publicada integralmente, pela primeira vez, em 2005.

---

[1] Simondon foi reconhecido pela publicação de uma de suas teses de doutoramento, *Do modo de existência dos objetos técnicos* (MEOT), publicada em 1958, que transformou nossa relação com os objetos técnicos. Ainda hoje é o livro mais conhecido de Simondon. Em particular, pesquisas transdisciplinares e estudos de mídia e comunicação acolheram muito bem esse livro. Todavia, no entender de Simondon, a tese complementar sobre os objetos técnicos é devedora da tese principal, *A individuação à luz das noções de forma e de informação* (2005), que demorou muito para ser publicada integralmente. Precisou esperar o século XXI! A primeira parte da tese principal, denominada "O indivíduo e sua gênese físico-

A obra de Simondon, sua compreensão filosófica e o que daí se pode apreender como novas possibilidades coletivas, tecnológicas e também culturais permanecem um precioso segredo de poucos e para poucos. Entre eles, o primeiro que o descobriu e o valorizou foi Gilles Deleuze, quando teve acesso à primeira parte da tese principal, publicada em 1964: "O indivíduo e sua gênese físico-biológica" (IGPB). Uma nota de rodapé do livro *Lógica do sentido*,[2] de 1969, indica isso. Não é, porém, uma indicação qualquer, já que Simondon se revela por toda a obra de Gilles Deleuze. Outros grandes autores o abraçaram: Giorgio Agamben, Isabelle Stengers, Georges Canguilhem, Maurice Merleau-Ponty, Bernard Stiegler, Bruno Latour e Eduardo Viveiros de Castro, etc.

É muito difícil ler e compreender Simondon. Ele não tem uma escrita comum, muito menos acadêmica. Seus parágrafos são longos, separados por pontos e vírgulas, tirando nosso fôlego como se estivéssemos sendo arrastados rio abaixo numa correnteza violenta, só com descansos momentâneos. Pequenas pausas e de novo somos arrastados à jusante, não raro empurrados para baixo, abaixo da superfície do rio, e às vezes nos é oferecido um galho e voltamos à superfície. Da-

---

-biológica" (IGPB), foi publicada logo a seguir à defesa de tese de doutorado, quando Simondon ainda era vivo. "A individuação psíquica e coletiva" (IPC), segunda parte da tese principal, foi publicada em 1989.

2 Gilles Deleuze, *Lógica do sentido*. Trad. de Luiz Roberto Salinas Forte. São Paulo: Perspectiva, 2000. Antes disso, em 1966, Deleuze escreveu "Gilbert Simondon, o indivíduo e sua gênese físico-biológica", posteriormente publicado no livro *A ilha deserta* (Trad. de Luiz B. L. Orlandi, Hélio Rebello Cardoso Júnior, Lia Guarino et al. Organização de David Lapoujade e Luiz B. L. Orlandi. São Paulo: Iluminuras, 2000).

vid Scott[3] é quem nos oferece essa bela metáfora da escrita de Simondon, e também sugere, e eu acolho, que a escrita do filósofo muito tem a ver com o objeto do seu pensamento filosófico: a operação de individuação.[4]

Não foram raras as vezes que pensei em desistir de lê-lo, me perguntando se valia a pena o empenho. Mas fui em frente, aguçada por grande curiosidade. Simondon é um filósofo clássico e, como tal, se pergunta pelo Ser, sem, todavia, deixar de discutir com a física, a bioquímica, a fisiologia, a embriologia, a sociologia, a psicologia – inclusive com a psicologia profunda de C. G. Jung. É um autor transdisciplinar, enciclopédico, que pensa e faz filosofia. O pensamento só é viável por meio da transdisciplinaridade ou, dito de outra maneira, o pensamento é um evento que surge na intersecção de diversos conhecimentos, no ponto de suas difrações.[5] O pensar é transdutivo, uma operação bastante específica de incorporação e diferenciação do conhecimento estudado, e

---

[3] David Scott, *Gilbert Simondon's psychic and collective individuation: A critical introduction and guide*. Edimburgo: Edinburgh University Press, 2014, p. 2.
[4] O filósofo preocupa-se, metodologicamente, com a operação de individuação, vale dizer, com o campo que engendra o indivíduo, por ele chamado pré-individual: rico em energia, matéria indeterminada, e pobre em estrutura, habitado por potenciais, feixes de relações quânticas, limiares de intensidade. Campo metaestável – nem estável, nem instável. É a partir desse campo de singularidades pré-individuais (o ilimitado – *apeiron* – como dizia Anaximandro) que se dão as individuações física, biológica, psíquica, coletiva, técnica, do conhecimento. Para todas as individuações, que não cessam jamais se levarmos em conta todos os níveis em que se processam, há um operador comum: a *transdução*, conceito que Simondon recolheu da biologia e da leitura de J. Piaget. Para Simondon, individuação é sinônimo de invenção e de transdução (Peter Pál Pelbart, "A catástrofe da liberação (Simondon)". In: *O avesso do niilismo: Cartografias do esgotamento*. Trad. de John Laudenberger. São Paulo: N-1, 2013).
[5] David Scott, op. cit., p. 3.

então algo novo nasce. Um filósofo clássico, uma filosofia do Ser que reivindica para si ser experimental! Um entre tantos paradoxos que Simondon nos reserva.

Simondon não usa notas de rodapé, não nos conta com quem está dialogando, não facilita ao leitor. E, todavia, quando temos familiaridade com um filósofo, com um autor qualquer das várias áreas que ele frequenta, dizemos "bingo": eis a presença que suspeitávamos. Alegramo-nos com esse breve encontro e, muito rapidamente, voltamos a ficar sem nada nas mãos! Simondon não nos oferece referências, já disse, e raramente cita com quem está discutindo, mas algumas vezes Jung aparece citado, com essa intimidade, sem o nome e prenome.

Tenho muita frequentação e familiaridade com Jung e, por isso, sua presença na obra de Simondon e as poucas citações funcionaram na minha mente como iscas. A leitura cuidadosa que fiz de *A individuação à luz das noções de forma e da informação* – nunca sozinha, mas em grupos e também com um professor de filosofia, Ricardo César Cardoso, cuja tese de doutorado tem como tema o próprio Simondon – me permitiu apreender as diferenças radicais entre Jung e Simondon. Não os aproximei, antes os diferenciei e, ainda que isso não baste, ao fazê-lo compreendi uma difícil operação filosófica de Simondon: a individuação do conhecimento.[6] Simondon não se deixa influenciar, não ressignifica, não discrimina, não se contenta em apro-

---

[6] Individuação do conhecimento é um conceito forjado por Simondon a partir do conhecimento da individuação (Gilbert Simondon, *A individuação à luz das noções de forma e de informação*. Trad. de Luís Eduardo Ponciano Aragon e Guilherme Ivo. São Paulo: Editora 34, 2005).

ximar diferenciando os conhecimentos de um sem-número de autores e áreas do conhecimento; ele os/as individua. E essa é uma das razões do porquê Jung e muitos outros autores estarem e não estarem presentes na obra de Simondon. Alguns comentadores a que tive acesso e que se debruçaram sobre essa questão –[7] quero dizer, sobre a pre-

---

[7] Os comentadores de Simondon são obrigados a citar e anotar a presença de C. G. Jung. Os simondonianos tentam compreender Jung a partir de alguns de seus livros e artigos. Entre eles, *O eu e o inconsciente* (OC VII/2. Trad. de Dora Mariana Ribeiro Ferreira da Silva. Petrópolis: Vozes, 2015), livro básico para que possamos apreender o processo de individuação em Jung. Mencionam, também com muita frequência, um artigo intitulado "Adaptação, individuação e coletividade" (In: *A vida simbólica*. [OC XVIII/2] Trad. de Edgar Orth. Petrópolis: Vozes, 2012a), *Psicologia e alquimia* (OC XII. Trad. de Maria Luiza Appy, Margaret Makray e Dora Mariana Ribeiro Ferreira da Silva. Petrópolis: Vozes, 2012b), *Estudos alquímicos* (OC XIII. Trad. de Dora Mariana Ribeiro Ferreira da Silva e Maria Luiza Appy. Petrópolis: Vozes, 2013), *A natureza da psique* (OC VIII/2. Trad. de Mateus Ramalho Rocha. Petrópolis: Vozes, 2013b) e, insistentemente, *A energia psíquica* (OC VIII/1. Trad. de Maria Luiza Appy. Petrópolis: Vozes, 2013a). Penso que selecionam os temas e livros certos de Jung para compreenderem o processo de individuação e, possivelmente, foram esses os livros lidos e relidos por Simondon. Os simondonianos (Pascal Chabot, "Simondon et la psychologie des profondeurs". In: *La Philosophie de Simondon*. Paris: J. Vrin, 2012; Giovanni Carrozzini, "Simondon e Jung: Un confronto". In: *Gilbert Simondon: Per un'assiomatica dei saperi – Sallà – Dall'ontologia dell'individuo ala filosofia dela tecnologia*. San Cesario di Lecce: Manni, 2006, entre outros), porém, incorrem em um erro ao tentar aproximar Jung e Simondon, já que enfatizam o que chamarei doravante de "paralelismo conceitual" e, a meu ver, não são bem-sucedidos! Os conceitos com essa aproximação e transposição perdem o seu valor, esmaecem-se e, como dizia Jung, tornam-se moedinhas gastas. Além disso, para compreender Jung, um autor difícil, que pressupõe clínica e experiência, não basta uma interação entre os seus conceitos. Os autores citados apostam no paralelismo conceitual, porque isso lhes dá segurança, afinal, podem citar Jung e mostrar como Simondon se aproxima ou se distancia dos conceitos junguianos. Definitivamente, não é esse o caminho para encontrar Jung e Simondon! Optei, então, por fazer uma outra aposta neste ensaio: Simondon individua, pressupondo o

sença de Jung na obra de Simondon – não se saíram bem, a meu ver. Não compreenderam o conceito-experiência de Jung sobre o processo de individuação e também não compreenderam o conceito de individuação do conhecimento em Gilbert Simondon.

Jung é também um autor muito difícil; sua leitura é exigente, e, caminhando entre os livros, sempre temos a sensação de que não compreendemos nada até aquele momento, muito embora o esforço tenha sido imenso. Passadas décadas de frequentação, tenho ainda essa impressão. Jung nos contempla com mil portas de entrada, uma escrita circular, plural e perspectivista. A leitura de Jung também nos dá a sensação de sermos arrastados por uma correnteza violenta, com raros pontos de apoio. A obra de Jung também nos convida à desistência.

No meio de ambos os desafios, me ocorreu explorar um caminho só possível para um cão farejador; conto para isso com a condescendência dos leitores. Esse caminho, a princípio inexistente, se existe, é porque eu o teci; mas,

---

metaestável, os conhecimentos de que se vale, e o faz por transdução, vale dizer, incorpora e diferencia-se do conhecimento estudado e, com isso, algo novo nasce. Individuação é sinônimo de invenção.

Os comentadores sabem que ambos os autores se valem, como paradigma da individuação, dos cristais e da cristalização. Vamos propor que podemos compreender a individuação do conhecimento – a individuação que Simondon teria feito do conhecimento trazido à tona pela experiência de Jung – a partir dessa mesma metáfora (refiro-me à cristalização). A seguir trarei à tona a unidade mínima do cristal – em Jung e em Simondon quanto ao processo de individuação – e, a partir dessa unidade, a cristalização que torna cada cristal único e singular, as individuações em ambos os autores. Projeto ousado, mas muito necessário se quisermos comentar esses dois grandes mestres do conhecimento. É preciso manter sempre presente que individuação é sinônimo de transdução e de invenção!

como ficará claro, está presente em Jung e é possível fare-já-lo em Simondon e vice-versa. Os milhares de leitores de Jung não viram esse caminho, Simondon viu. É a aposta que faço neste pequeno livro. Para percorrê-lo, convidei o cão farejador, que se alimentou de vestígios, de nesgas de sentido; juntos – meu ego, o cão farejador e outras potências organizadas da minha mente povoada – valemo-nos do olfato, da coragem e da ousadia. Se não posso escrever sobre Simondon, se não tenho suficiente familiaridade com a filosofia clássica para dizer aos meus leitores o quão contemporâneo Simondon é, sinto-me legitimada em fazer uma pergunta a Simondon e à sua obra magistral *A individuação à luz das noções de forma e da informação*. A pergunta é: quais obras de Jung, quais ideias de Jung foram individuadas? Na apresentação deste pequeno livro sugeri os capítulos e até os parágrafos que provavelmente detiveram a atenção de Simondon. Naturalmente são só pistas. Ao longo deste capítulo voltarei a cada artigo, livro, parágrafo de Jung antes citado.

Como já disse, tenho muita frequentação e familiaridade com Jung e a sua obra e, com um pouco de imaginação, puxei uma série de fios da obra do psiquiatra suíço, fios que, através do olfato, descobri presentes em Simondon e na sua tese de doutorado,[8] capazes de nos fazer compreender

---

[8] Simondon nos dá um novo caminho para pensarmos o indivíduo, todos os indivíduos (seres humanos, seres vivos em geral, sociedades, culturas, objetos técnicos etc.): procedem/advêm das operações individuantes, e com isso nos convida a desviar nosso pensamento do indivíduo para o campo metaestável, pré-individual: matéria composta de potenciais, intensidades, singularidades. Uma espécie de "sopa primordial" que não tem forma ainda; campo nem estável, nem instável, mas metaestável.

melhor o século XXI. É tudo o que posso oferecer, mas, se conseguir fazê-lo bem, trarei à tona um Jung que não conhecemos, reservado ele também para o século XXI.

Exploraremos então um caminho, já insisti, inexistente, um caminho a contrapelo: Jung e a sua obra com as lentes individuantes e muito especiais de Gilbert Simondon na parte filosófica da sua tese de doutorado: *A individuação à luz das noções de forma e de informação*.

Esse campo engendra as formas, tem a capacidade de gerar formas. Como veremos, Simondon está a individuar um filósofo pré-socrático chamado Anaxímandro, e nele essa "sopa cósmica", primordial, seria o ilimitado. É do ilimitado (*apeiron*) que advêm os seres, todos que existem, com limites. É desse processo que resultam os indivíduos que levam consigo a placenta, o ilimitado; o individuado carrega o ilimitado que nutre as *trans – forma – ções*, as individuações permanentes. Dito de outro jeito, os indivíduos não se esgotam nas suas individualidades, não coincidem consigo mesmos; antes discrepam de si mesmos; nunca estão acabados. Metamorfoses ambulantes. Indivíduo + "meio associado" (o pré-individual, a energia potencial) formam um sistema tenso, supersaturado que nos atravessa a todos; esse *campo comum* será depois pensado por Deleuze, que conta na sua obra com a presença de Simondon, de *plano de imanência*. Esse campo comum, insistente e presente em todas as individuações, insinua uma espécie de *plano de comunicação*. É pré-individual mas também transindividual; há algo mais que nos conecta além do intersubjetivo; esse "algo mais", o transindividual, é da ordem da comunidade.

Proposições básicas de Simondon, dando uma nova chance ao indivíduo que, desde Aristóteles chegando até a modernidade, é pensado como um ser acabado, uma forma pronta que Simondon nomeia como tendo uma base hylemórfica: *hyle* é matéria inerte e passiva sobre a qual se aplicou *morphé*, a forma; o indivíduo como um composto de matéria e forma dada de uma vez por todas, indivisível; dotado de uma individualidade, uma essência, uma identidade. Construí esta nota tendo em mente a aula do prof. Peter Pál Pelbart, oferecida no Atelier Paulista, no dia 16 de setembro de 2024, no curso *Por uma (Po)ética da alteridade*. A maneira mais coloquial do Peter falar nos ajuda a compreender um filósofo difícil como Simondon.

Como ler Jung?

Sensibilidade romântica e nietzschiana

Quando passamos muitos anos frequentando um autor, internalizamos sem perceber a maneira como o autor pensa, seus processos de repetição na escrita, o que lhe interessa e o que não lhe interessa em outros autores. Internalizamos seus afetos, que, de algum modo, coincidem com os nossos. Comecei a ler Jung pelo livro *Memórias, sonhos, reflexões*, em particular o capítulo "Confronto com o inconsciente",[9] e notei desde o primeiro minuto seu desafio: dar-se contornos, descrever uma experiência psíquica inaugural e fazer dela um caminho cultural. Sim, porque a sensibilidade romântica e nietzschiana de Jung fez dele desde sempre um crítico do Iluminismo e da Modernidade.

A atmosfera emocional da obra de Jung é romântica; foram os românticos que abriram na/para a Modernidade o inconsciente, os sonhos, a loucura, a imaginação, a fantasia e um dos seus frutos mais saborosos, a "área intermediária": presente de forma viva em Friedrich Schiller. Jung é impensável, ininteligível mesmo, sem dois autores românticos: Carl Gustav Carus e Schiller. Carus, um médico-filósofo, da metade do século XIX, no livro *Psyche* construiu a ideia de inconsciente, inclusive coletivo, e a ideia de complexos. Schiller é o filósofo, como já disse, da área intermediária, e sem ele não é possível compreender em Jung a função

---

[9] Carl Gustav Jung, "Confronto com o inconsciente". In: Carl Gustav Jung, *Memórias, sonhos, reflexões*. Trad. de Dora Ferreira da Silva. Organização de Aniela Jaffé. Rio de Janeiro: Nova Fronteira, 1961.

transcendente e o conceito de símbolo. Irmãos-inimigos do Iluminismo, os românticos são, porém, modernos e, ao longo do presente escrito, traremos para essa última afirmação uma compreensão mais elaborada. A atmosfera emocional nietzschiana ecoa também fortemente em Jung: pelo perspectivismo, a individuação e a vontade de potência.

A sensibilidade (romântica e nietzschiana) é também motivo pelo qual Jung não pôde aceitar a generosa mão (paterna) que Freud lhe oferecia! Se tivesse aceitado, tornar-se-ia um psicanalista a mais no mundo, com certeza, manteria algo da sua singularidade, mas estaria inscrito em uma corrente teórica: a psicanálise. É preciso dizer que o campo das psicanálises é, sim, crítico ao Iluminismo e à Modernidade, mas é um elo de continuidade na proposta civilizatória do ocidente. Ora, desde o primeiro grito romântico, dado por Jean Jacques Rousseau, por volta dos anos 1750, foi posto em questão o percurso civilizatório que se deu por um "acaso funesto" no precioso livro do filósofo genebrino conhecido como Primeiro Discurso.[10] A crítica ao Iluminismo, à Modernidade e ao percurso civilizatório ocidental é a chave romântica que atravessa afetivamente Jung. O mesmo poderíamos dizer de Nietzsche, também um grande crítico da civilização ocidental. Jung, herdeiro de ambos, desde sempre tem como afeto básico, brincando com seus próprios termos, uma civilização em transição. A sua principal contribuição teórica em torno do processo de individuação joga luz exatamente nessa transição, abrindo um novo caminho, uma nova estrada, que Simondon, Deleuze e Guattari não hesitaram em abraçar e individuar.

---

10 Jean-Jacques Rousseau, *Discurso sobre a origem da desigualdade*. Trad. de Lourdes Santos Machado. São Paulo: Nova Cultural, 1997.

Ora, um acontecimento – o processo de individuação – se deu em Jung, como sempre acontece, sem pedir licença a ninguém. E se deu na ruptura com Freud e a psicanálise! A ruptura, de acordo com a teoria mesma de Jung, representou um colapso na sua adaptação ao mundo. Incontáveis são os que antes de Jung também se individuaram ao longo da vida e, particularmente, na "metade da vida", mas pouco sabíamos desse processo. A literatura e a poesia sempre dão indícios desses acontecimentos; processos iniciáticos também nos lembram algo parecido, mas até a obra de Jung pouco conhecíamos a respeito do processo individuante. Nietzsche e Bergson com certeza muito nos ajudaram a produzir sentido em torno dessa experiência; ajudaram Jung, aliás, mas Jung a descreveu conceitualmente de maneira feliz e, como ele, só ele a descreveu, pelo menos até Simondon entrar no campo intelectual-cultural.

Os filósofos românticos escreviam por fragmentos, raros foram os tratados. Não escreviam linearmente, como o seu tempo exigia; refiro-me aos iluministas e também aos séculos que os antecederam. Nietzsche também amava os fragmentos, e Jung, como já disse, é herdeiro de ambos. Levando essas influências em conta, compreendemos melhor também a sua escrita. Os livros de Jung têm muito dessa (dupla) sensibilidade: ainda quando parecem tratados, não são o fazer de geômetras; antes, nos remetem a fragmentos, ensaios, apostas. São sempre inacabados, furados, faltantes... exigindo de seus leitores mais imagens, mais afetos, mais pensamentos, novas descrições individuantes. O presente livro é uma contribuição a esse convite inacabado e faltante intrínseco à obra de Jung.

Perspectivismo, instintos e confissão subjetiva

Jung era enciclopédico e se valia de todas as ciências de sua época, da biologia, da literatura, da poesia, da filosofia. E não podemos dizer que era rigoroso, no sentido que a academia, as universidades dão a esse termo. Em um primeiro momento, exerce-se nessa direção, sendo inclusive professor da Universidade de Zurique. Depois, ganhou estilo e passou a se valer de uma espécie de associação livre: um ponto em comum, uma ressonância e isso já lhe bastava; puxava o fio, entre diferentes áreas, e dessa forma tecia os conceitos que lhe interessavam. Na antessala desse tecido associativo travestido em conceitos viceja a "confissão subjetiva" de Jung e/ou sua subjetividade. Na obra inteira o perspectivismo está presente, mas em "A divergência entre Freud e Jung", de 1926, Jung arrola três motivos dessa e para essa divergência.

O primeiro motivo: Jung se diz pluralista e perspectivista e, então, a área psi só pode se orgulhar de produzir "expressões verdadeiras" sobre a psique. Além disso, cada autor da psicanálise, inclusive Freud, deveria ser capaz de compreender-se e empreender uma "confissão subjetiva" – trazendo à luz os pressupostos inconscientes e os instintos que "produzem" as teorias: o sexual "produziria" a psicanálise freudiana; o instinto de poder, a teoria adleriana[11] e uma pluralidade de instintos "produziriam" a dele, Jung.[12]

---

[11] Jung refere-se a Alfred Adler.
[12] Ressalto a forte presença de Nietzsche na compreensão do perspectivismo de Jung. Os instintos para o filósofo alemão derivariam da vontade de potência. Em *Além do bem e do mal* (Trad. de Paulo César de Souza. São

Em 1926, o psiquiatra suíço acaba por encontrar uma excelente maneira de contemplar o que descrevera em *Símbolos da transformação* como sendo o alargamento/pluralidade dos instintos: o perspectivismo – acumulando vários modos de conhecer – dando legitimidade para toda a área psi de seu tempo e também dos tempos que a ele se seguiriam. Dá legitimidade inclusive à metapsicologia freu-

---

Paulo: Companhia de Bolso, 2005, p. 3), pontua que a maior parte do pensamento consciente é uma atividade instintiva. Impulsos e instintos estão sempre em conflito entre si. Na seção 3 desse livro, Nietzsche afirma que "a maior parte do pensamento de um filósofo é secretamente guiada e canalizada para certos trajetos em especial por seus instintos". Instintos e impulsos praticam filosofia, criam sistemas filosóficos. Além de conflitarem entre si, cada instinto tem a tendência de tornar-se dominante. Na seção 6 do livro citado, Nietzsche conta-nos: "Cada um deles ficaria muitíssimo satisfeito de se apresentar como a meta final da vida e senhor legítimo de todos os outros impulsos. Pois todo impulso é tirânico, e nessa medida chega até tentar filosofar". Compreendemos melhor agora, com Nietzsche, o próprio Freud e a primazia da energia sexual! Jung, ao contrário do que se fala, não rejeitou a energia sexual e dá a Freud um lugar de honra na sua epistemologia e também na clínica. É como se nos dissesse: quando se trata de psiconeurose, de histeria, usem nos consultórios a psicanálise freudiana; quando se trata de poder, usem a teoria de Adler. Quando se trata do processo de individuação, usem a minha teoria. Algo assim é possível vislumbrar na fala de um pluralista-perspectivista. No que tange aos instintos, a presença de William James é também indisfarçável. Em *Princípios da psicologia*, instintos referem-se à ação visando certos fins, sem aprendizagem anterior. Uma forma de conhecimento presente nos animais e nos seres humanos. Jung também define assim os instintos/ação e arquétipos/apreensão da ação sem aprendizagem anterior. A razão, para James, poderia ser vista como tendência obediente a certos impulsos (tradução do termo alemão *Trieb*). Os seres humanos diferiam dos animais na medida em que portariam mais instintos – e não menos – de sugar, de morder, de agarrar objetos, de levar à boca, de locomover-se, de imitar, de combater, de construir, de brincar etc. (Sonu Shamdasani, *Jung e a construção da psicologia moderna: O sonho de uma ciência*. Trad. de Maria Silvia Mourão Netto. Aparecida: Ideias & Letras, 2005, pp. 215-7).

diana, uma entre outras tantas "expressões verdadeiras"! Essa é a maneira de ser de Jung: seu idioma pessoal/equação pessoal é plural! Como se sabe, os pluralistas/perspectivistas desde sempre combateram o universalismo.

No segundo motivo, Jung afirma: "Em tudo o que acontece no mundo, vejo a energia dos opostos", a relação e a diferença entre os opostos geraria a energia capaz de ser a mãe de todas as possibilidades e a resposta a todas as perguntas.[13] Chamo sempre a atenção dos que se põem a ler e estudar Jung que é preciso levar em conta a circularidade a que Jung nos obriga e o perspectivismo. Suas intuições primeiras não serão abandonadas e, quando menos esperarmos, as reencontraremos ressignificadas. Recordemo-nos: Jung, psiquiatra e lidando com delírios psicóticos e esquizofrênicos, não aceitou, para compreender esse tipo de patologia, a primazia da energia sexual proposta por Freud. Em um primeiro momento, sentia-se mais ligado a Schopenhauer e à noção de vontade, uma espécie de campo comum a tudo que existe. A "'vontade'[14] é a libido que está no fundo de tudo".[15] Aproximou-se também de Henri Bergson e à noção de elã vital, de Duração, de tempo criador. A formulação inicial de *energia psíquica* não pode ser confundida e reduzida ao que Jung propôs em *Símbolos da transformação*, no capítulo "Sobre o conceito de libido":[16] "alar-

---

13 Carl Gustav Jung, *Freud e a psicanálise* (OC IV). Trad. de Lúcia Mathilde Endlich Orth. Petrópolis: Vozes, 2013d, p. 73.
14 Refere-se à vontade de Schopenhauer em *O mundo como vontade e representação* (Trad. de M. F. Sá Correia. Rio de Janeiro: Contraponto, 2007).
15 Sonu Shamdasani, op. cit., p. 219.
16 Carl Gustav Jung, "Sobre o conceito de libido". In: Carl Gustav Jung, *Símbolos da transformação*. Trad. de Eva Stern. Petrópolis: Vozes, 2013f.

gamento/pluralidade" de instintos, no momento da ruptura com Freud. Muitos anos se passarão até que Jung dê à sua intuição inicial um contorno,[17] uma versão propriamente junguiana! Essa ressignificação é muito importante no nosso argumento, pois se Jung tivesse "alargado, somando outros instintos ao sexual", como querem psicanalistas e analistas junguianos, ele não sairia dos seres humanos e alimentaria, como Freud fez, o antropocentrismo, a máquina antropológica proposta por Giorgio Agamben. Em 1926, volta às suas intuições primeiras e ainda uma vez redefine o conceito de energia como uma expressão de todo e qualquer fenômeno, inclusive o psíquico. Cito o parágrafo todo:

> Em tudo o que acontece no mundo, vejo o jogo de opostos e *dessa concepção*[18] derivo minha ideia de energia psíquica. Acho que a energia psíquica envolve o jogo dos opostos de modo semelhante como a energia física envolve uma diferença de potencial, isto é, a existência dos opostos como calor-frio, alto-baixo etc. Freud começou por considerar

---

17 Pois então, Jung parte da intuição inicial de uma energia, campo comum, presente em tudo que existe. O conflito com Freud e a primazia da energia sexual será um breve capítulo nessa odisseia. Só no final dos anos 1920, Jung dará um contorno mais definitivo para sua intuição inicial através da energia psíquica como fruto da diferença potencial, sempre relacional. E, todavia, cá e lá, mesmo sem um conceito mais trabalhado, mais refinado, Jung volta à sua intuição inicial de uma energia de onde tudo brota. Exemplo disso é o precioso artigo de 1916 chamado "Adaptação, individuação e coletividade" – discutido no capítulo "Ciência energética" (Carl Gustav Jung, op. cit., 2012a).
18 O grifo é meu. A energia dos opostos é, para Jung, comum a tudo que acontece, e exatamente isso, esse "comum" da energia, permite-lhe criar uma nova linguagem e até uma nova forma de pensamento, por sincronicidades, a leitura de sinais, as coincidências significativas.

como única força propulsora psíquica a sexualidade e, somente após a minha ruptura com ele, levou também outros fatores em consideração. Eu, porém, reuni os diversos impulsos ou forças psíquicas – todos constituídos mais ou menos *ad hoc* – sob o conceito de energia a fim de eliminar a arbitrariedade quase inevitável de uma psicologia que lida exclusivamente com a força. Portanto, *já não falo de forças ou de impulsos individuais*,[19] mas de "intensidades de valores".[20] Com isso não pretendo negar a importância da sexualidade na vida psíquica, como Freud me acusa de fazê-lo. O que pretendo é colocar limites à terminologia avassaladora do sexo que vicia toda discussão da psique humana, e, também, colocar a sexualidade em seu lugar.[21]

Chamo a atenção da leitora e do leitor pacientes e tolerantes que Jung também parece contar com um cão farejador que vai ajudando sua mente inquieta a encontrar novos caminhos. Mentes assim, buscadoras, não raro têm sempre junto de si um ser vivo de outra espécie que as ajudam. Dei-me conta desse encontro dos cães – meu e de Jung – há muito tempo.

Jung nunca perdeu de vista o *campo comum* de onde tudo brota: buscou-o em diferentes autores, em diferentes disciplinas, e no final dos anos 20 do século passado acabou por reencontrá-lo na termodinâmica e no seu companheiro

---

[19] Grifo meu.
[20] O autor nos remete a OC VIII/1 (Carl Gustav Jung, op. cit., 2013a); Id., *Tipos psicológicos* (OC VI) (Trad. de Lúcia Mathilde Endlich Orth. Petrópolis: Vozes, 2013g), à sua teoria da energia psíquica e à teoria do sonho.
[21] Carl Gustav Jung, *Freud e a psicanálise* (OC IV). Trad. de Lúcia Mathilde Endlich Orth. Petrópolis: Vozes, 2013d, p. 779.

Nietzsche, pois é isso o que farejamos no trecho acima. Jung não tem suficiente rigor, gritarão os filósofos acadêmicos, e, sim, eles têm razão! Jung tem faro, e isso me enche de alegria. Fez um uso bem particular da física e de Nietzsche no trecho acima.[22] O seu cão farejador permitiu-lhe, porém, dar as mãos – ou seriam as patas? – para

---

22 Para os físicos, com quem conversei no mês de novembro de 2024, não há problemas na articulação da energia potencial com a energia psíquica; o problema é a postulação por Jung de opostos prévios; não existem opostos como quer Jung, dizem eles. A diferença só se apresenta na relação. Não temos a diferença em si! Calor-frio só se manifestam na relação. A diferença de potencial (quantidades energéticas) é o que gera energia potencial, que é a energia necessária para gerar trabalho ou a energia psíquica para gerar individuação. *Diferença potencial já pressupõe uma relação*. A energia potencial é o que se expressa, não é um *substratum*. Outro tanto poderíamos dizer se pensássemos com Nietzsche. A vontade de potência é compreendida como relação entre forças: ativas e reativas, dominação de uma força sobre outra. A força ativa é a que domina; força reativa, a que reage. Todo vivo opera nesse jogo complementar entre forças ativas e forças reativas. Não existe, pois, oposição, mas complementariedade. Vontade de potência emerge dessa relação – complementar – de forças. Retomando Jung, lembro a todos que às vezes as palavras enganam. Jung não pensa em opostos prévios; antes, pensa em relações complementares; são essas relações complementares (pensamento/sentimento; intuição/sensação etc.), bem ao sabor nietzschiano, que permitem gerar a energia, mãe de todas as possibilidades e resposta a todas as perguntas (Carl Gustav Jung, op. cit., 2013g). Feita essa ressalva, continuarei usando ao longo do texto a terminologia proposta por Jung: diferença entre os opostos. Para que Nietzsche e Jung possam ser melhor compreendidos, recomendo a pesquisa em torno de Ruggiero Boscovich (1711-1787), nascido na República de Ragusa, padre jesuíta, astrônomo, matemático, filósofo, diplomata e poeta, que dialogou com Isaac Newton (1642-1727), matemático, físico, astrônomo, lançou as bases da mecânica clássica, contribuiu com a óptica, compartilhou créditos com Gottfried Leibniz pelo desenvolvimento do cálculo infinitesimal. Boscovich escreveu um longo poema sobre "aparências visíveis do Sol e da Lua", sendo que sobre esse poema e Boscovich foi dito: "É Newton na boca de Virgílio". Sugiro que Nietzsche tomou o atalho de Boscovich e então criticou o "equilíbrio das forças" newtonianas.

os pré-socráticos e o pensamento genético e oferecer essa preciosa passagem para o gênio dos gênios: Gilbert Simondon, que se valerá, com todo o rigor filosófico, do pré-socrático Anaximandro – do *apeiron*, para construir o pensamento genético – e também da termodinâmica para fabricar os conceitos de metaestabilidade, energia potencial, pré-individual, uma espécie de "água mãe" de onde brotam os cristais, paradigma, como veremos, de ambos os autores, dos processos de individuação onde quer que se deem: no inorgânico, nos seres vivos, psíquicos-coletivos-transindividuais.

"Já não falo de forças ou de impulsos individuais" e, todavia, psicanalistas e analistas junguianos insistem que Jung está aí: falando de forças e impulsos individuais! Percebam os leitores que Jung mantém duas possibilidades de interpretação da libido: a) o "alargamento/pluralidade dos instintos" – abandonando, sim, a primazia da sexualidade – no que tange à epistemologia e também à clínica: processos psíquicos variados são compreendidos dessa maneira, haja vista as fantasias de Miss Miller em *Símbolos da transformação*; e b) a energia ativa que advém da diferença potencial, sempre relacional – estado de tensão permanente – e então um *desvio do* anthropos, *do individual*, remetendo-nos a uma *filosofia genética e ao processo de individuação*, que, aliás, é o terceiro motivo arrolado por Jung para explicar a sua divergência com Freud.

O terceiro motivo dessa divergência: o processo de individuação e a referência aos ritos de passagem (morte e renascimento) dos povos chamados então de primitivos. Vou desdobrar esse motivo por que é a chave do pensamento de Jung e da divergência com Freud. Conta-nos Jung:

Freud sucumbe diante da pergunta de Nicodemos: "Pode alguém voltar ao ventre da mãe e nascer de novo?"[23] A história se repete – se for permitido comparar grandes com pequenas coisas – na briga doméstica da psicologia moderna [...] Desde séculos incontáveis, os ritos e iniciação falam do nascimento a partir do espírito, e estranhamente o homem esquece sempre de novo como entender a geração divina [...] É fácil expulsar o espírito, mas na sopa falta o sal, o "sal da terra".[24]

O processo de individuação, individuações permanentes, tal como Jung desenha no capítulo 3 do livro *A energia psíquica*, é melhor compreendido com base na energia que advém da relação e da diferença entre os opostos! Repare o leitor atento que, na ausência do processo de individuação e do encanto de "nascer de novo", temos como respostas, para Jung, doenças, perturbações neuróticas, amargura, estreitamento, avidez. Reparem também que Jung associa individuação e espiritualidade. Simondon também fará isso! E essa espiritualidade, para ambos, é imanente.

---

23 João 3:4-10. Nicodemos perguntou: "Como alguém pode nascer quando já é velho? É claro que não pode entrar pela segunda vez ao ventre da mãe e renascer! Jesus respondeu: – Em verdade lhes digo que ninguém pode entrar no reino de Deus se não nascer da água e do espírito. O que nasce da carne é carne, mas o que nasce do Espírito é espírito. Não se surpreenda pelo fato de eu ter dito 'É necessário que vocês nasçam de novo'. O vento sopra onde quer. Você o escuta mas não pode dizer de onde vem nem para onde vai. Assim acontece com todos os nascidos do Espírito. Nicodemos perguntou: – como pode ser isso? Jesus disse: – Você é mestre em Israel e não entende essas coisas?".
24 Carl Gustav Jung, op. cit., 2013d, pp. 781-3.

Também no conhecimento essa energia está presente? Sim, como é óbvio, também no conhecimento – ainda que Jung nunca tenha formulado/explicitado esse conceito. Alguns importantes livros de Jung são, claramente, individuações do conhecimento, só passíveis de serem compreendidas dessa maneira. Os estudos alquímicos de Jung são transduções: incorporações e diferenciações das proposições alquímicas para encontrar neles o seu principal conceito, o processo de individuação. Os conhecimentos em Simondon foram individuados/inventados. Poderíamos dizer outra coisa dos livros de Jung e, em particular, dos que têm como base a alquimia?

Jung *usava* as teorias de várias áreas do conhecimento e não se importava em deixar muitos buracos entre o que encontrava, entre o que alinhavava, colorindo o conceito que estava criando. Ao lermos Jung fazemos uma experiência curiosa: sabemos qual é o seu ponto de partida e não conseguimos imaginar qual será o ponto de chegada, se é que chegaremos em algum lugar. Jung foi um grande buscador. Ele busca incessantemente – penso eu – dar-se forma.[25] E com isso tornou-se um grande "fabricador de conceitos".[26] Usou a história da filosofia, os místicos, a biologia, a etologia, a física, a literatura: buscava o comum, um afeto

---

[25] Como insistiremos, quem faz uma experiência individuante perde – em parte e às vezes completamente – a forma e ganha não raro uma nova forma. Essa é a grande transformação que não podia ser pensada. Temos no Ocidente a tradição aristotélica – o real é o indivíduo, qualquer que seja ele, individuado, acabado; é o que Aristóteles denomina princípio de individuação, composto de forma e matéria: hylemorfismo. Nesse composto a forma tem lugar privilegiado, pois é universal e imutável; não passível de transformação.
[26] Carl Gustav Jung, "A aplicação do ponto de vista energético". In: Carl Gustav Jung, op. cit., 2013a.

comum entre o que sua sensibilidade anunciava e um vasto campo de conhecimentos, e então fabricava conceitos. Foi assim que fez dos alquimistas seus melhores amigos, já que o processo alquímico e o processo de individuação encontravam-se na transformação dos elementos.

Era preciso criar conceitos – que para Jung não estão separados do afeto/sentimento – ininterruptamente para dar uma forma às suas experiências subjetivas, entre elas a mais desafiante: a individuação, ou, como ele gostava de dizer, o processo de individuação. Era muito urgente para ele dar-se forma[27] e um leitor astuto percebe rápido o porquê disso.

Os novos conceitos nasciam a partir do imenso celeiro da inteligência humana e sempre através do pensamento (refiro-me à associação livre de imagens; imagens afetivas – que o psicólogo suíço chamava também de pensamentos)[28]

---

[27] Jung não explicou sua diferença com Aristóteles; provavelmente nem percebeu essa diferença. O grande interlocutor de Aristóteles será Simondon. Simondon opera um verdadeiro *turning point* em relação a Aristóteles. Jung adotou o mesmo nome individuação; no lugar de princípio, como queria Aristóteles, Jung nomeou processo de individuação, e descreveu esse processo de maneira bem diferente do filósofo grego. Jung habitava a mesma tradição dos que o precederam e, como acontece com qualquer autor que ousa criar uma nova possibilidade existencial, usava palavras semelhantes com outro sentido. As palavras, porém, são carregadas de história, de emoção, de sangue, não são vazias, ele bem sabia. De qualquer maneira ele não era um inventor de palavras, como os poetas, mas de conceitos, como os filósofos. Mas não era nem poeta, nem filósofo, fez então o que pôde!
[28] "As duas formas de pensamento" (Carl Gustav Jung, op. cit., 2013g). Ressalto a preciosidade desse capítulo; nele Jung destaca dois modos de pensar: o dirigido, científico, fundamental para que haja adaptação humana. E o pensar por imagens, livre associativo, o pensar inconsciente. Traz à tona nesse capítulo uma bibliografia que lhe permite aproximar--se e afastar-se de um grande número de autores. Suas alianças ficam aí muito claras.

criavam um novo modo de existir, uma nova possibilidade existencial. Já sabemos então algo sobre Jung: operava por fragmentos, buscava criar conceitos – melhor seria chamá-lo de confetos, conceitos com afetos – e não se importava com a área de sua produção original; repensava-os e/ou individuava-os da maneira que explicitei e servia-se deles para dar contornos à experiência subjetiva para a qual ainda não havia nomes. Usava conceitos já produzidos quando podia, mudando-os de escala afetiva, imagética e/ou torcia os conceitos para que estes lhes servissem, e não Jung a eles!

Circularidade e perspectivismo

Inútil, sempre insisto nisso, buscar em Jung um autor linear; nada nele é linear. Aliás, Jung circula, opera por circularidade. Muitos não o compreendem exatamente pelo seu jeito de escrever: não tem rigor, decretam! Penso que não é isso. Jung é um buscador, tem uma mente farejadora, está buscando sem cessar dar-se uma forma e irmanar-se com seus companheiros de individuação. Nos séculos XIX e XX era muito raro encontrá-los. Não por acaso Nietzsche inventou os "espíritos livres" para não morrer de solidão. E Jung fez dos alquimistas – que também de certa forma inventou – grandes amigos.

Difícil, bem difícil ler e compreender Jung. Por exemplo: queremos nos aprofundar em um conceito qualquer e, incautos, começamos pelas primeiras obras e... desistimos e desistimos porque, frente aos nossos olhos, e prosseguindo vorazmente na leitura de sua obra, o conceito se transforma inteiramente ou não raro deixa de existir, simplesmente é abandonado. Penso que a fonte da sua teoria, dos seus conceitos, das suas elaborações é exatamente o processo de individuação por ele vivido – inaugural e misterioso – e a sua clínica individuante.[29] Daí decorre a circularidade presente na sua obra, que, vista a partir desse ângulo, deixa de ser um problema para se tornar enriquecimento. Sua teoria depois dos anos 1910 aprofunda a experiência de individuação por ele vivida com ressignificações, dobras e mais dobras conceituais, recusas, desvios, rupturas, contradições, abandonos. Lê-lo assim, penso, é uma possibilidade. Diria mais: eu o li assim, aprofundando a experiência individuante que, de repente, me acometeu, e por isso Jung foi para mim um incansável recomeço!

É diferente quando lemos Freud, ou um filósofo que trabalha como geômetra: anunciando uma questão e depois desdobrando a compreensão do problema anunciado. Não é assim com Jung! Parece desdobrar a si mesmo em uma experiência sem fim, que se aprofunda quase que à revelia dele mesmo. Trabalhar em círculos é, pois, uma das dificuldades, não a única. Seu olhar perspectivista é também outro problema para quem o lê, já que se vale de diversas lentes, diversas perspectivas, às vezes em um mesmo artigo. O perspectivismo em Jung é uma chave preciosa de leitura, mas também um pesadelo quando não o levamos em conta!

Muitos comentadores já sugeriram que Jung está circuambulando o próprio self/si mesmo. Outra maneira de dizer a mesma coisa é que Jung aprofundava seus conceitos tendo em conta a experiência de individuação, e, então,

---

29 Clínica individuante é um termo meu, não de Jung.

sugiro que não há bem um começo e um fim na teoria de Jung, mas círculos, uma circularidade que se adensa na exata medida em que aprofunda, conhece e amadurece o processo de individuação.[30] O que está no começo está também no fim, as mesmas percepções, intuições, imagens, conceitos. Pontos em circulação. Talvez, seja um dos mistérios da individuação, mistério que reaparece nas incansáveis dobras teóricas.

Ao se individuar, Jung individua conhecimentos[31] dos que se tornam parceiros de jornada. Tenhamos presente que o livro central para a compreensão do processo de individuação é *Psicologia e alquimia*,[32] um exercício de individuação do conhecimento; os alquimistas foram parceiros inesperados para a compreensão desse processo.

30 Inútil perseguir essa circularidade; nela e com ela Jung volta atrás, soma, ressignifica, desvia, rompe, individua. Só um historiador da psicologia analítica como Sonu Shamdasani – e aviso os leitores que o importante livro em questão de Sonu tem limitações, pois os capítulos que o compõem são muito desiguais, alguns excelentes, outros sofríveis; mas, dizíamos, só um historiador da psicologia ou um biógrafo do porte de Deirdre Bair, exatamente porque acompanham a vida, a trajetória, a cartografia e a construção dos conceitos e da teoria, têm, digamos assim, uma sorte melhor ao ler um autor difícil, complexo e singular como Jung. A maioria dos leitores que tentam compreender um conceito sucumbem na diferenciação que os conceitos sofrem nas mãos do próprio Jung.
31 Uma ideia que insiste em mim sem que eu possa ainda compreendê-la mais profundamente é que os autores que trabalham com energia, também psíquica, depois de uma individuação radical como foi aquela de Jung, não podem senão individuar suas relações, o conhecimento, a vida como um todo – ainda que não saibam disso, vale dizer, que não sejam conscientes. Sei disso através da minha experiência de individuação; não sou uma estudiosa, uma historiadora de Jung. Tenho como bússola a experiência que vivi e a de meus pacientes e a partir daí individuo – não sei mais proceder de outro jeito – o conhecimento de Jung e de outros autores.
32 Carl Gustav Jung, op. cit., 2012b.

Se quisermos conhecer a psicologia analítica, temos que passar às vezes por individuações penosas na idade adulta; só assim conheceremos através da experiência conceitos resultantes da individuação: *unus mundus*, sincronicidade, inconsciente coletivo, animismo, espiritualidade e, claro, o processo de individuação enquanto tal.

O guia para esta nova etapa do conhecimento, ancorado na gênese, na energia e em processos individuantes, tem por base as individuações vividas por nós. É essa compreensão que nos permitirá apreender os processos individuantes nos seres vivos em geral, na sociedade, na cultura, no coletivo etc.

Enquanto Jung viveu, as chaves da psicologia analítica eram a energia psíquica e a individuação, e, quando ele falece muitos, de seus discípulos prosseguem nessa caminhada. Só nas últimas décadas, particularmente com James Hillman e com Wolfgang Giegerich, a experiência de individuação perde a centralidade na clínica e/ou na teoria.

Ao invés dessas experiências-conceitos (energia a partir do diferencial de opostos e individuação) que fizeram a sua aparição teórica e cultural no rompimento de Jung com Freud e com a psicanálise, aparecem nos autores citados experiências-conceitos apaziguados, talvez mais adequados à formação rápida de analistas em institutos de formação. Assim, no lugar da energia desconstrutora de formas, aparece a ideia de "impulso de individuação", e a individuação abandona o campo da alquimia, no que tem de radical, e torna-se promessa de singularidade: "tornar-se quem se é".

Um insight me salvou nos anos difíceis da minha primeira individuação: vou fazer a mesma, a mesmíssima coisa que Jung fez. Vou *usar* a sua obra, os seus pensamentos para me dizer, para ensaiar uma forma, pois, como Jung, eu também tinha perdido a forma! Não me reconhecia e não me reconhecia no que fazia. Comecei a farejar, nunca usei tanto o nariz como nesses anos. O cão farejador ganhou corpulência, ficou muito poderoso na minha mente. Com o nariz, ganhava uma espécie de chão firme: só me interessava, ao farejar a obra de Jung, o que dizia respeito à estranheza do processo que vivia, a individuação, que durou alguns anos. Fui circulando por essa experiência e pela leitura da obra de Jung. Sabia desde então, farejante que sou, que a experiência de individuação não se submete à ideia de cientificidade moderna e à sua dinâmica, o sujeito e o objeto do conhecimento. Suporta só modelos provisórios e descrições. Desde essa primeira individuação sentia muitas saudades do que até então não se fazia notar porque não existia um coletivo que pensasse e risse das mesmas coisas que eu. Esse era o meu maior desejo, que demorou bastante até tornar-se realidade.

Meu primeiro livro, *Jung: o poeta da alma*, tese de doutorado, na minha compreensão, reunia tudo – todas as chaves – para eu pensar a individuação, pois, apesar de vivê-la e sofrê-la, não podia ainda descrevê-la com palavras minhas, com espontaneidade e liberdade, como faço neste momento. Fui circulando pela experiência de Jung que, em seus muitos livros, ganhara forma. O nariz me ajudou, quando farejava era mais que certeira. Meu querido e amado cão farejador: nada teria feito se não confiasse nele.

Plural e perspectivista, Jung ajuda cada um de nós a dar-se uma forma singular para o processo de individuação que nos acomete de repente. É preciso *usá-lo*, usar a sua obra e os seus muitos amigos na literatura, na poesia, na alquimia para dar-se forma.

Desde o início insisto: individuar-se é perder e ganhar forma. Várias vezes também disse: Jung queria dar-se forma. Que diabos está o cão farejador insinuando com essas ideias? Exatamente o que já dissemos e repetimos várias vezes: individuação é perder a forma e/ou transformá-la parcialmente, às vezes radicalmente. É esta a proposição filosófica de Simondon; reparem, por favor, no título de sua obra magistral *A individuação à luz das noções de forma e de informação*. Simondon empreendeu uma crítica ao aristotelismo exatamente na questão da *forma*.

Durante séculos, a forma foi chamada de Substância, de Essência, o que dá consistência ao ser, que é, de acordo com Aristóteles, o que não se transforma. Como ainda dizemos até hoje, "a essência da pessoa não muda", a "substância existe para sustentar o que se transforma, mas enquanto tal, como substância, não muda". Ora, a individuação para Simondon – sustentada na gênese metaestável –[33] diz respeito à transformação do que supúnhamos imutável. Jung foi o primeiro a descrever o processo de dissolução e de coagulação da forma. É esta preciosa questão que o cão farejador trouxe à tona.

Ciência energética

Deirdre Bair, biógrafa de Jung, mostra como o psiquiatra suíço vislumbrava uma ciência energética e, em agosto de 1913, no Congresso Internacional de Medicina, em Londres,

---

[33] Ver nota 95.

convocou a psicanálise a sair do "ponto de vista puramente sexual" para um "ponto de vista energético".[34]

Com a energia a partir da relação diferencial entre os opostos, anunciando uma "metafísica",[35] Jung aproxima-se de Goethe, sístole e diástole, do yin e yang chinês. E, com muita dificuldade e risco, no livro *A energia psíquica*, constrói o conceito da psique como objeto; também nesse livro, Jung reivindica o direito de ser um "construtor de conceitos".[36] Jung demorou bastante para se arriscar nessa direção, pois circunscrever a energia psíquica (aquela que advém da relação e da diferença entre opostos) a um objeto levaria os leitores e o próprio Jung em alguns textos a correr sérios riscos. Manter a primazia na energia – no estado de tensão –, e não nos opostos, é virar o mundo de ponta-cabeça, o avesso do avesso do avesso.

Enquanto Jung passava os seus olhos em "tudo que há", era mais fácil manter o campo energético, como um feixe de energias polarizadas, uma usina, "mãe de todas as possibilidades" e "resposta a todas as perguntas",[37] reinaugurando com esse gesto uma versão pré-socrática na modernidade tardia. Circunscrever, porém, a energia a um objeto – a psique – é correr um perigo imenso: de abandono do campo energético e valorização dos opostos (extroversão-introversão; pensamento-sentimento; intuição-sensação etc.) enquanto tais como definidores de

---

[34] Deirdre Bair, "O Carl do pastor". In: *Jung: Uma biografia*. Trad. de Helena Londres. São Paulo: Globo, 2006, v. 1, p. 211.
[35] Conferir no presente escrito nota 65, cap. 1.
[36] Carl Gustav Jung, "A aplicação do ponto de vista energético". In: Carl Gustav Jung, op. cit., 2013a, p. 32.
[37] Id., op. cit., 2013g.

personalidades! Foi o que aconteceu: os tipos psicológicos ficaram bem à mão e foram usados *ad nauseam* para definir e diferenciar personalidades de maneira essencializada, substancializada, definitiva e acabada. Com esse deslize comum aos comentadores de Jung, perdemos Jung-simondoniano e voltamos aos braços de Aristóteles.

Jung inicia assim "Os conceitos básicos da teoria da libido", capítulo 3 do livro *A energia psíquica*: "Um dos fenômenos energéticos mais importantes da vida anímica é sem dúvida a progressão e a regressão da libido".[38] Libido, energia que advém dos opostos, agora energia psíquica, energia da vida.[39]

É circunscrevendo a energia como diferencial de opostos na psique que Jung também derivou o conceito de transformação e de símbolos – que, claro, já sofrera um primeiro contorno em *Símbolos da transformação*, momento de ruptura com Freud. Com esse escrito, o capítulo 3 de *A energia psíquica*, adentramos o mundo das transformações, dos símbolos, pensados através da energia psíquica.

Psiquismo, libido, vida e transformação passam a ser praticamente sinônimos em Jung. Esse último escrito citado, o capítulo 3, "Os conceitos fundamentais da teoria da libido", no livro *A energia psíquica*, é a melhor chave para pensarmos a individuação em Jung, individuação permanente, e nos livrarmos da reificação na qual o modelo morfológico (*O eu e o inconsciente*) não raro esbarra.

---

[38] Id., op. cit., 2013a.
[39] Jung diferencia sua formulação "energia psíquica/energia da vida" do vitalismo ou força vital. E, todavia, equipara o processo psíquico com o processo da vida. Ibid., pr. 31 e 32.

Dessa energia a partir do diferencial dos opostos brota a fantasia, e, dessa fantasia, tudo o que há. Cito Jung:

> A psique cria a realidade todos os dias. A única expressão que me ocorre para designar esta atividade é fantasia. A fantasia é tanto sentimento quanto pensamento, é tanto intuição quanto sensação. Não há função psíquica que não esteja inseparavelmente ligada pela fantasia com as outras funções psíquicas. Às vezes aparece em sua forma primordial, às vezes é o produto último e mais audacioso da síntese de todas as capacidades. Por isso, a fantasia me parece a expressão mais clara da atividade específica da psique. É sobretudo a atividade criativa donde provêm as respostas a todas as questões passíveis de resposta; é a mãe de todas as possibilidades onde o mundo interior e exterior formam uma unidade viva, com todos os opostos psicológicos. A fantasia foi e sempre será aquela que lança a ponte entre as exigências inconciliáveis do sujeito e objeto, da introversão e da extroversão.[40]

Valendo-me das palavras mesmo de Jung: "a libido nunca provém do inconsciente em estado informe, mas sempre em imagens".[41] A fantasia é, para Jung, materna.

Do campo energético, cuja linguagem primeira, já vimos, é a fantasia ou imagem, Jung libera a gênese: tudo que existe brota, emerge da energia dos opostos. Energia sinônimo de vida, para esse psicólogo da vida e de sensibilidade romântica:

---

[40] Carl Gustav Jung, op. cit., 2013g, p. 73.
[41] Sonu Shamdasani, op. cit., p. 219.

A vida sempre se me afigurou uma planta que extrai sua vitalidade do rizoma: a vida propriamente dita não é visível, pois jaz no rizoma. O que se torna visível sobre a terra dura um só verão, depois fenece... Aparição efêmera. Quando se pensa no futuro e no desaparecimento infinito da vida e das culturas, não podemos nos furtar a uma impressão de total futilidade; mas nunca perdi o sentimento da perenidade da vida sob a eterna mudança. O que vemos é a floração – e ela desaparece. Mas o rizoma persiste.[42]

O rizoma é, para Jung, o campo energético ou inconsciente coletivo.

O psíquico é energia, feixe de energias polarizadas, fantasias, imagens-afetos. Essas fantasias maternas – fantasias ativas, compreenda-se: a linguagem primordial da relação entre opostos – são só transformações, umas conectando com as outras, umas atravessando as outras, sobrepondo-se às outras, subtraindo-se das outras.

Vocês me perguntarão: como posso afirmar isso? Qual a chave teórica para pensar essa usina de transformações sem sujeito, sem ordem, sem norte, sem direção? Se organizarão, veremos isso nos itens que seguem, através de operações do próprio inconsciente coletivo: em formas arquetípicas, em complexos individuais e coletivos.

---

[42] Carl Gustav Jung, op. cit., 1961, p. 20.

Cristais como paradigma da individuação das formas

A organização dessas fantasias/imagens rodopiantes – sem sujeito, sem norte, sem direção – se dá, pasmem, leitores, por individuações! A forma para Jung são os arquétipos, individuados como uma operação inscrita no próprio inconsciente coletivo. O paradigma de Jung para a individuação das individuações, ou seja, para a individuação dos arquétipos, das formas arquetípicas, são os cristais. Essa discussão não passou despercebida ao nosso amigo Gilbert Simondon! Trago para nossa conversa o parágrafo 155 do livro *Arquétipos do inconsciente coletivo*. Esse parágrafo foi objeto de infinitos comentários, tendo Immanuel Kant como interlocutor de Jung. Nesse diálogo ressalta-se, incessantemente, que Jung não pensa uma herança da representação, mas da forma, do arquétipo, "elemento vazio e formal em si". Muito bem, concordo! Mas o que me interessa é a segunda parte do parágrafo, e nele Jung ressalta que instinto e arquétipo são os dois lados de uma mesma moeda e nos conta da individuação da forma arquetípica, comparando-a com os cristais: a forma, o arquétipo, o "elemento vazio e formal em si" individua-se como os cristais. Ora, os comentadores, ao privilegiarem um diálogo entre Kant e Jung, ficaram cegos em relação à compreensão da individuação das individuações, individuação primeira, das formas, dos arquétipos, que, como os cristais, brotaram do líquido-mãe:

> O arquétipo é um elemento vazio e formal em si, nada mais sendo do que uma *facultas praeformandi*, uma possibilidade dada a priori da forma da sua representação.

O que é herdado não são as ideias, mas as formas primordiais, as quais sob esse aspecto particular correspondem aos instintos igualmente determinados por sua forma. Provar a essência dos arquétipos em si é uma possibilidade tão remota quanto a de provar a dos instintos, enquanto os mesmos não são postos em ação *in concreto*.[43] No tocante ao caráter determinado da forma, é elucidativa a comparação com a formação do cristal, na medida em que o sistema axial determina apenas a estrutura estereométrica, não porém a forma concreta do cristal particular. Este pode ser grande ou pequeno, ou variar de acordo com o desenvolvimento diversificado de seus planos, ou da interpenetração recíproca de dois cristais. O que permanece é o sistema axial em suas proporções geométricas, a princípio invariáveis. O mesmo se dá com o arquétipo.[44]

Penso que não preciso insistir que o caldeirão energético/a água-mãe que tem como gramática a individuação das formas, dos arquétipos, está sempre em ação, individuando as formas ininterruptamente[45] – e mesmo as formas, os

---

[43] Uma vez mais essa preciosa ideia de Jung que já aparecera quando o autor falava de espírito e instinto. Sempre desconhecidos para a razão, são, porém, operantes (Carl Gustav Jung, op. cit., 2013b). A mesma ideia agora para instintos e arquétipos: a razão/pensamento não os alcançam, não podemos dizer até o fim do que se trata, mas são operantes.
[44] Carl Gustav Jung, "Aspectos psicológicos do arquétipo materno". In: Carl Gustav Jung, *Os arquétipos e o inconsciente coletivo* (OC IX/1). Trad. de Maria Luiza Appy e Dora Mariana R. Ferreira da Silva. Petrópolis: Vozes, 2014, pr. 155 (grifos meus).
[45] Vou recorrer a outra compreensão das formas, dos arquétipos, tendo como contraponto os instintos. Instintos e arquétipos são os dois lados de uma mesma moeda. Recomendo um artigo em especial de Jung: "Determinantes psicológicas do comportamento humano". In: Carl Gustav Jung, op. cit., 2013b.

arquétipos já individuados voltam a se individuar por que a energia opera e produz novas individuações no que já está individuado!

Essa é uma ideia-chave em Jung: a vitalidade de cada ser vivo, de cada um de nós, depende da relação, da ligação com

---

Nele Jung constrói a ideia de psiquização dos instintos: fome, sexo, ação, criação (destruição e criação caminham juntos) e um instinto especial que acompanha os demais, o de re-flexão (*reflexio* é o termo latino), um curvar-se, inclinar-se para trás, voltar-se para dentro, capaz de liberar uma série de imagens do instinto, o arquétipo nos seres humanos. O instinto de reflexão é cultural *par excellence*. No artigo "Instinto e inconsciente", de 1919, Jung discute o arquétipo ou, como eram chamadas até então as formas primordiais, como "modo de apreensão", a "percepção do instinto de si mesmo ou o autorretrato do instinto". Os instintos são resumidos pelo autor no "impulso para agir", e as imagens arquetípicas um "modo de apreensão" que acompanha a ação. Se tivermos presente esse raciocínio, compreenderemos melhor por que pensar para Jung é pensar por associações livres de imagens, e também se elucida o método de imaginação ativa proposto por Jung. As imagens/fantasias ativas que brotam do caldeirão energético dos opostos são já conhecimento, e as operações do inconsciente que as organizam, talvez o mais importante conhecimento, a individuação da forma. O famoso exemplo da mariposa da iúca de Jung, uma relação especial entre um animal e um vegetal (Deleuze e Guattari também trazem à tona uma notável composição entre a vespa e a orquídea), deixa claro todo o potencial que Jung atribui às imagens (arquetípicas) como formas de conhecimento. O sofisticado fazer da mariposa não resulta da aprendizagem, é a outra moeda do "impulso do agir", o autorretrato do instinto, a intuição como a apreensão teleológica de uma situação. Cito uma das passagens, em "Instinto e inconsciente" (1919), incluído no livro *A natureza da psique*: "Cada flor da iúca se abre apenas por uma única noite. A mariposa tira o pólen de uma dessas flores e o transforma em bolinha. A seguir procura uma segunda flor, corta-lhe o ovário e, pela abertura, deposita seus ovos entre os óvulos da planta, vai em seguida ao pistilo e enfia a bolazinha de pólen pelo orifício, em forma de funil, do ovário. A mariposa só executa essa complicada operação uma única vez em sua vida" (Carl Gustav Jung, op. cit., 2013b). Com isso também se abre uma comunicação entre as espécies, como dizíamos até pouco tempo atrás; hoje usamos comunicação entre diferentes regimes de individuação, de acordo com Simondon.

o "caldeirão energético" – chamado por ele de inconsciente coletivo; des-ligar-se do "caldeirão" é a doença! Receber do campo energético um além do que podemos suportar é a psicose e a esquizofrenia, como Jung afirma no parágrafo 254 de *O eu e o inconsciente*.[46] A chave é a ligação com esse campo de energia (imagens/fantasias como linguagem) que fazem passagem para a consciência através da projeção e das sincronicidades, como nos ensinou Marie Louise von Franz, mais do que comentadora, uma continuadora da obra de Jung.[47] E, como veremos no que chamei de "esquema ordenador", no próximo item, é exatamente porque estamos ligados ao campo energético que vivemos individuações permanentes, tal como descrito no capítulo 3 de *A energia psíquica*, quando nos desadaptamos do meio, da sociedade e da cultura, onde ocupávamos um lugar e uma função social.

Os arquétipos, como os cristais, individuaram-se a partir do líquido-mãe, a energia provinda da relação entre os opostos. Os cristais são para Jung o paradigma da individuação, modo de operar do inconsciente coletivo na produção de formas – formas arquetípicas. Não é surpreendente que também para Gilbert Simondon os cristais sejam o paradigma de todas as individuações: física, vital, psíquica-coletiva, de grupo, do conhecimento, transindividual, social? Não é extravagante que, também para Simondon, a forma – substituída pela informação – se individue a partir do metaestável?

Imagino que o parágrafo 155 do livro de Jung chamado *Os arquétipos e o inconsciente coletivo* tenha entusiasmado

---

[46] Carl Gustav Jung, op. cit., 2015.
[47] Marie-Louise von Franz, *Reflexos da alma: Projeção e recolhimento interior na psicologia de C. G. Jung*. São Paulo: Cultrix/Pensamento, 1988.

muito Gilbert Simondon; esse parágrafo é o coração pulsante do livro *A individuação à luz das noções de forma e de informação*. Coração pulsante, de um conhecimento individuado e, então, inventado.

Essas aberturas presentes nos escritos de Jung são formidáveis: as imagens são em si conhecimento; os arquétipos-imagens, a forma para Jung, são frutos de individuações; as individuações são operações do inconsciente coletivo; os cristais são o paradigma das individuações. E, se levarmos em conta o capítulo 3 do livro *A energia psíquica*, um dos paradigmas da individuação em Jung, as individuações permanentes, a forma/os arquétipos, as imagens arquetípicas, longe de serem eternas, são passíveis de novas individuações.

Complexos e individuação

No psiquismo individual é possível aproximar esse operar individuante tipicamente inconsciente aos complexos.

Um oceano de imagens e fantasias rodopiantes, sem sujeito, sem norte, sem direção e em pleno exercício autônomo de transformação, se organiza quando uma imagem-afeto ganha uma intensidade de valor energético; quando isso acontece, várias imagens dançam em torno dessa imagem-afetiva catalisadora e nasce um complexo que, claro, não é patológico, é a maneira como o tecido psíquico se desenha em Jung. E, para compreender isso, basta que o leitor leia o artigo de Jung "Teoria dos complexos".[48]

---

[48] Carl Gustav Jung, "Teoria dos complexos". In: Carl Gustav Jung, op. cit., 2013b.

O ego também é um complexo, um conjunto de imagens que, rodopiantes, se constelaram – termo clássico de Jung – em torno de uma imagem-afeto de alto valor energético: o eu, centro organizador da experiência com os mundos interno e externo. Essa maneira de pensar a psique, a alma, não é só humana. A psique é estado de tensão, imagem-afetos; todos os seres vivos têm alma para Jung.

Essa paisagem anímica – o termo é meu – pode se complicar porque a experiência do ser humano/de todos os seres vivos pressupõe um "meio" – nos seres humanos esse "meio" é cultural, coletivo. Adaptamo-nos e desadaptamos a esse "meio" e, então, essa paisagem anímica pode ser bem mais complicada: o complexo pode ser também fruto de um trauma, já que emerge de uma parte "arrancada" da psique rodopiante de imagens. Não raro um complexo torna-se autônomo e exerce possessão, outro termo clássico de Jung, sobre o complexo do ego, sobrecarregando-o com suas tintas e seus afetos. Mas, fundamentalmente, a paisagem anímica/psíquica, tal como Jung a compreende, é a de uma tapeçaria de imagens-afetos organizadas através de complexos. Não é por acaso que o "trabalho psíquico" com os complexos é um dos mais importantes na clínica junguiana. E, lembremo-nos, "trabalhar um complexo" é trabalhar as imagens/afetos e a energia que o organizou. Diminuir a intensidade energética dos complexos autônomos sobre o eu, acabar com as possessões; é esse o trabalho clínico por excelência e, com isso, conquistar um tecido psíquico, campos coloridos energéticos que enriquecem a nós e ao mundo. Insisto que essa maneira de pensar a forma – refiro-me à alma – é flexível, manejável, não é substancializada e, como acabamos de ver, é transformável.

É preciso, na clínica, voltar o olhar para o campo energético e o que brota dele e, com isso, compreender a gênese[49] das formas no coletivo e no individual. Com muitos riscos aprofundo, nas linhas a seguir, a compreensão de energia e de gênese em Jung. Na atenção e observação minuciosa do que nos acontece na metade da vida podemos vir a acessar, penso eu, a individuação primeira, as imagens arquetípicas, nossa forma singular e, com isso, a ideia mesma de gênese, o nosso brotar do caldeirão energético: somos uma espécie de tapeçaria do inconsciente coletivo. Ao longo da vida, nas múltiplas individuações que atravessamos, o bordado – a tapeçaria – sofre transformações; nossa forma se trans-forma, ligados que estamos ao caldeirão energético e no operar próprio do inconsciente coletivo, cuja gramática é individuante. Assim a vida se transforma, melhor seria dizer, a vida nos trans-forma – refiro-me ao conjunto de imagens arquetípicas individuadas que nos constitui.

---

[49] Agora já sabemos que as formas/estruturas brotam, emergem do inconsciente coletivo, desse gigantesco caldeirão de energia tendo o cristal como paradigma. Vale dizer, as formas, todas elas, arquetípicas, não estão dadas, não se organizam, como em Aristóteles, através da mente humana; todas as formas emergem do caldeirão energético chamado por Jung de inconsciente coletivo. Se isso é assim e se todas as almas (formas) brotam da Alma do Mundo, precisamos dela nos diferenciar para existir individuados. O livro *O eu e o inconsciente* é o que mais explicita as "técnicas de diferenciação entre o eu e as figuras do inconsciente", vale dizer, as técnicas de diferenciação do eu da psique coletiva. Essas considerações nos ajudam a compreender os contornos da experiência numinosa, no processo de individuação: as sincronicidades. Não "chegamos" à alma do mundo, nós emergimos dela... E talvez um dia a ela retornemos, como sugeria Anaximandro, um pré-socrático.

"Esquema ordenador": regressão-progressão, adaptação-individuação-coletividade

O "esquema ordenador" é uma síntese presente em Jung, mas que levei anos para elaborar. É fruto de anos de leitura da obra de Jung e dos comentadores dessa escola; também das minhas individuações e das individuações que tive o privilégio de testemunhar ao longo de três décadas de clínica. Sugiro que na clínica não apliquemos modelos e teorias, quaisquer que sejam, mas internalizemos um "esquema ordenador", uma espécie de bússola, que retirei dos três paradigmas da individuação propostos por Jung.[50]

Essa bússola internalizada, em uma das linhas inscritas no inconsciente,[51] é muito importante clinicamente, já que torna o analista ou psicoterapeuta capaz de apreender os sinais sutis – às vezes nem tanto – do processo individuante que nos acontece, e também aos nossos pacientes.

Essa maneira de "trabalhar bussolada" deixa a mente/psique livre para ser receptora das livres associações de

---

[50] São eles: *A energia psíquica*, op. cit., 2013a), *O eu e o inconsciente* (op. cit., 2015), *A vida simbólica* ("Adaptação, individuação e coletividade") (op. cit., 2012a), *Psicologia e alquimia* (op. cit., 2012b) e, claro, o livro já citado, *Memórias, sonhos, reflexões* (Rio de Janeiro: Nova Fronteira, 1961), que descrevem o processo de individuação de Jung. Os demais livros – e são muitos – giram em torno da individuação, mas os paradigmas da individuação estão nos livros que citei!

[51] Christopher Bollas, no artigo "O que é teoria?", no livro *O momento freudiano* (Trad. de Pedro Perússolo. São Paulo: Nós, 2024), dá uma "solução" interessante para o perspectivismo. Teoria, para Bollas, advém de uma percepção sobre a psique/a mente. Várias percepções – teorias – podem e devem conviver na mente do analista. Várias epistemes são abraçadas por Bollas e internalizadas nas linhas do inconsciente, bússolas, presentes durante as sessões de análise.

palavras e de imagens dos pacientes e ao mesmo tempo funciona apreendendo temporalidades, intensidades emocionais e energéticas, aberturas para novas paisagens anímicas, principalmente através dos sonhos, interpretados à maneira junguiana.

Jung, saindo do século XIX e adentrando o século XX, ressoa uma sensibilidade romântica que torna o seu pensar muito diferente da psicanálise. Impossível para os românticos e para Jung pensar o indivíduo fora da sociedade e da cultura! Esse par inseparável de indivíduo-cultura é pensado por Jung a partir da ideia de adaptação e desadaptação – ressoando desta vez a biologia de Jean-Baptiste de Lamarck e Charles Darwin.

Confesso que estudei os liberais – todos, sem exceção – ressoando Thomas Hobbes, no livro *Leviatã*, e também estudei muito os românticos, todos ressoando Jean Jacques Rousseau. Ambos são contratualistas; a modernidade pensa os laços/relações em todas as esferas da vida através de contratos, a partir do principal deles, o contrato social/político.

Porém, a sensibilidade romântica escuta o grito pré-romântico de Rousseau por volta de 1750: o "homem nasce bom e a sociedade o corrompe".[52] O mal, com Rousseau,

---

[52] Se isso é assim, "o homem nasce bom e a sociedade o corrompe", friso também que os ensaios de Rousseau, particularmente o *Discurso sobre a origem da desigualdade* (Trad. de Lourdes Santos Machado. São Paulo: Nova Cultural, 1997), estudam o homem no estado de natureza, um homem bom não no sentido moral, mas no sentido de ter um equilíbrio das paixões. No estado de natureza rousseauniano o homem conta com duas paixões: o amor de si, amor de autoconservação, e a *pitié*, a compaixão. A identificação se dá através da *pitié*, é ela que permite que o homem se desloque até o outro, no seu sofrer, mas, exatamente por isso, essa identificação não se dá até o fim, vale dizer, o homem portador da *pitié* se

ganhou um novo lugar: a sociedade e a civilização. Esse deslocamento do mal, como se sabe, empolgará os séculos XIX e XX com um novo conceito de revolução. Para essa sensibilidade é impossível separar o indivíduo da sociedade/da cultura; a sociedade e a civilização dão os contornos, selecionam as próprias paixões individuais; de alguma maneira os "fabricam". Na concepção de Jung, que acompanha de perto Friedrich Schiller[53] a civilização ocidental e moderna torna o homem um ser unilateral, um fragmento de si mesmo. Muito diferente dos liberais, que, desde o século XVII, têm como paradigma o *Leviatã*: o indivíduo é lido como um universal no "estado de natureza", intocado pela cultura e pela sociedade; essa visão, aliás, culminou na versão de Margaret Thatcher no final do século XX: "Não existe sociedade; existem apenas homens e mulheres individuais e as suas famílias", slogan definitivo do neoliberalismo.

Jung, devedor da sensibilidade romântica e muito próximo de Schiller, não separa indivíduo e cultura: o "meio" que o indivíduo habita o produziu e o transforma. Isso posto, gostaria de dizer que o uso de Jung da ideia de adaptação/

---

desloca até o outro sofrente, mas volta rapidamente para si. Ora, o processo civilizatório, que se deu, para Rousseau, por um "acaso funesto", vê a paixão da *pitié* enfraquecer-se progressivamente. Na modernidade, a fraqueza da *pitié* transforma o amor de si em amor próprio e então o narcisismo torna-se hegemônico. "Infelizes os que virão depois de mim": Rousseau finaliza com essas palavras o ensaio sobre a desigualdade.
53 Friedrich Schiller, *A educação estética do homem*. Trad. de Marcio Suzuki e Roberto Schwarz. São Paulo: Iluminuras, 2002.
Até Rousseau, o mal era devedor do pecado original. A marca desse pecado era universal e, todavia, um caminho dado pelo livre-arbítrio poderia nos endereçar para a salvação.

desadaptação para pensar o "meio" (o coletivo, a cultura), claramente apreendido da biologia do seu tempo, é original de Jung. Ora, esse par adaptação/desadaptação será individuado por Gilbert Simondon e se tornará constitutivo da sua compreensão sobre as individuações de todos os seres vivos, inclusive as individuações psíquicas/coletivas, de grupo, da sociedade, do conhecimento, transindividuais. Friso, ainda uma vez, que uma criação original de Jung estará no coração do livro *A individuação à luz das noções de forma e de informação*. Claro que individuada!

Regressão-progressão

Para Jung, o indivíduo estaria adaptado ao "meio": a cultura, o coletivo, a sociedade. Enquanto há adaptação do indivíduo ao meio, há trânsito de opostos, vale dizer, o feixe de energias polarizadas, organizado a partir dos opostos, transita no indivíduo-meio e tudo vai bem.

Todavia, indivíduo/meio, a partir do final dos anos 1920, são pensados energeticamente e, por isso, ambos são instáveis, quero dizer, o indivíduo pode se desadaptar em relação ao meio e também o meio, na sua incessante mudança, pode ser o elemento de desadaptação em relação ao indivíduo.

Jung chama essa adaptação do indivíduo ao meio de progressão – que nada tem a ver com evolução. Peço a observação atenta dos leitores: o conceito de energia ressignificado em 1926, e agora em 1928, flexibiliza a individuação, o processo de individuação, que, doravante, se torna permanente. Os trechos que citarei do parágrafo 61 de *A energia psíquica*, capítulo 3, são decisivos para a compreensão ressignificada de individuação, sempre na linha da navalha em relação ao patológico. Vejamos então:

> [...] A atitude em face da realidade é algo extraordinariamente persistente, mas, por mais persistente que seja o hábito mental, menos duradouro é o seu efetivo trabalho de adaptação. Isto é consequência da mudança constante do meio ambiente [...] Com isto, cessa também a progressão da libido. Desaparece igualmente o sentimento vital até então existente, em seu lugar, cresce incomodamente o valor psíquico de certos conteúdos conscientes, irrompem certos conteúdos e reações, e a situação carrega-se de afetos e tende a explosões. Estes sintomas indicam que há um *represamento da libido*. A situação de represamento se caracteriza pela *separação dos pares de opostos*. Os pares de opostos permanecem unidos durante os processos psicológicos, enquanto dura a progressão da libido.[54]

Esse conflito pode gerar a cisão da personalidade, a desunião consigo mesmo, criando-se assim a possibilidade para a neurose;[55] mas também pode desencadear o processo de individuação, cujo primeiro momento é a regressão da libido:[56] na mesma proporção da perda de valores dos opostos na consciência aumenta o valor de todos os processos psíquicos que não são considerados quando se trata da adaptação e é por isso que esses valores só raras vezes ou mesmo nunca são utilizados de maneira consciente. Esses

---

54 Carl Gustav Jung, op. cit., 2013a.
55 Ibid.
56 Ibid.

valores inconscientes foram inibidos (e inibir para Jung corresponde à censura de Freud) pela função dirigida da consciência, que sempre é unilateral.[57]

Retomemos o argumento: a adaptação colapsa, pois o meio (também dotado de energia que provém do jogo de opostos) se transforma, pondo em xeque a adaptação do indivíduo e/ou o indivíduo se desadapta (em função das cargas energéticas que o atravessam vindas do inconsciente coletivo)[58] em relação ao meio. Quando há um *colapso da adaptação*, a regressão da energia se inicia e então se impõe o engolfamento da consciência pela libido. É o momento de buscar uma nova adaptação em relação ao inconsciente/mundo interior – que às vezes, dura muito tempo, muitos anos. Na alquimia, a regressão/individuação corresponde à dissolução. Regressão/dissolução é, com certeza, o período mais doloroso de qualquer individuação. Os pacientes que procuravam Jung para atendimento psicoterapêutico costumavam lhe dizer: "*I'm stuck*", estou estagnado. É uma impressão ilusória, pois quando nos sentimos estagnados é porque estamos regredindo

---

[57] Ibid.
[58] Esse modelo, uma espécie de "esquema ordenador" que aparece no capítulo 3 de *A energia psíquica*, também está presente em *O eu e o inconsciente* – a metanoia da/na idade adulta. Neste último livro é o indivíduo quem se desadapta ao receber uma carga de energia psíquica do inconsciente coletivo e, todavia, o "meio" cultural, coletivo está também presente no conceito de "regressão da persona": se o indivíduo não tiver recursos emocionais, psíquicos, mentais, espirituais, capazes de reorganizar seu mundo interno para então sofrer a progressão e uma nova adaptação ao "meio" cultural, só lhe resta fazer uma "regressão da persona", e, com isso, Jung anuncia que, sim, a individuação pode fracassar. É a partir desse livro que uma frase bíblica muito citada por Jung pode ser compreendida: "muitos são os chamados e poucos serão os eleitos".

vertiginosamente. As intensidades energéticas podem ser de tal ordem que o indivíduo se mantém por muito tempo alheado em relação ao mundo exterior. Há então uma desadaptação em relação ao "meio" externo, e quem se individua só voltará a ter uma nova adaptação depois que o mundo interno se reorganizar.

A palavra não tem acesso, ou tem um acesso muito difícil a esse processo misterioso e exigente, cheio de perguntas sem respostas, e essa é uma das razões pelas quais Jung cita, em *A energia psíquica*, o mito do dragão-baleia como metáfora do engolfamento da consciência pelas energias do inconsciente coletivo e a difícil acomodação que daí resulta:

> o herói é o representante simbólico do movimento da libido. A entrada no ventre do dragão representa a direção regressiva. A viagem ao Oriente (a travessia noturna do mar) e os eventos que ocorrem nessa ocasião simbolizam o trabalho e o esforço de adaptação às condições do mundo interior da psique. A circunstância de o herói ser devorado e desaparecer inteiramente no ventre do dragão significa o alheamento completo da atitude com relação ao mundo exterior. O ato de dominar o monstro a partir de dentro representa o esforço de adaptação às condições do mundo interior. A saída do corpo do animal (o ato de escapulir-se) com ajuda de um pássaro, que é igualmente um nascer do sol, expressa o reinício da progressão [coagulação em termos alquímicos].[59]

---

[59] Carl Gustav Jung, op. cit., 2013a.

Só quando a adaptação interna é alcançada, no ventre do dragão, tem início uma nova progressão, uma nova adaptação ao meio externo. Esse movimento da energia psíquica é permanente e, então, o indivíduo, tal como o conhecemos na modernidade – dado e acabado, dotado de consciência, ego e vontade, entrincheirado em si mesmo porque separado de todos os demais seres – se desconstrói inteira ou parcialmente nas individuações. E também, insisto, esse movimento da energia psíquica descrito por Jung nada tem a ver com o indivíduo – edipiano, emocionalmente amadurecido, pensante – que resulta, claro, de uma boa psicanálise. Melhor seria nomeá-lo indivíduo-individuante:[60] com uma nova forma, outra visão de mundo, outra sensibilidade, outro desenho subjetivo, espiritualidade conquistada. Parceiro, doravante, da "energia da vida" na sua eterna desconstrução/construção de paisagens anímicas, de formas.

O leitor pode acompanhar esse "esquema ordenador" no capítulo 3 de *A energia psíquica*: com a regressão, a personalidade alcança "um estado infantil, primitivo ou mesmo embrionário no seio materno".[61] É como se a energia em regressão fosse recolher virtuais, tudo que não foi vivido, outros mundos possíveis.[62] Compreender isso que Jung está a nos dizer é central para vislumbrarmos a importância do processo de individuação como morte e renascimento, como um movimento inscrito na própria vida, construindo-se na diferença, numa diferenciação infinita.

---

60 Indivíduo-individuante é uma expressão minha.
61 Ibid, pr. 69.
62 Ibid, pr. 69.

Dito com outras palavras: com a regressão da energia, quem se individua sente que "não funciona mais", um processo que não é da ordem do ego e/ou da vontade/da consciência! Com o colapso da adaptação, a personalidade está sujeita a outras regras: um des-investimento libidinal dos objetos amados, um des-investimento radical e não querido pela consciência. Nessa espécie de varredura, a energia em regressão busca o "fundo da psique humana": "não se deve ver aí somente restos incompatíveis e, portanto, rejeitados da vida ordinária ou tendências primevas desagradáveis e censuráveis do homem animal, mas que aí também se encontram os germes de novas possibilidades de vida".[63] Esses germes de novas possibilidades existenciais, esses virtuais, esses mundos possíveis mas ainda não vividos darão – com a energia em progressão, quando todo esse campo estiver re-acomodado/integrado no mundo interno – as condições de um novo nascimento abundante em novas potencialidades e, então uma nova adaptação ao "meio" cultural e coletivo. Um novo nascimento cheio de potencialidades. Se transpusermos esse raciocínio – os marcadores inscritos anteriormente – para tudo que existe, teremos a compreensão da potência dos processos individuantes.

Tais movimentos reaparecerão no item "Angústia", de Gilbert Simondon, em *A individuação à luz das noções de forma e de informação*. Nas poucas e brilhantes páginas desse item, Simondon, trabalhando o afeto da angústia, nos mostra a regressão, que o filósofo chama de des-individuação, seguida de uma re-individuação. Vale muito a pena os

---

[63] Ibid, pr. 69.

leitores saborearem a interpretação de Emilia Marty sobre o "outro que não o indivíduo", o ser da orla.[64] Marty, em uma autêntica aventura simondoniana, valoriza a angústia como um "possível caminho de individuação". Marty é, porém, radical e nos propõe que, ao final da des-individuação, propiciada pela angústia, não haja, na sua interpretação, re-individuação. Há, para ela, "o outro que não o indivíduo", o ser da orla, que não mais faz passagens, nem ganha formas. O que, doravante, caracteriza o ser é a partida – e não mais uma forma, uma individuação, nova individuação. "Ela, a angústia é partida do ser" – assim, de maneira enigmática, Simondon termina o item "Angústia". E Marty assim interpreta: através da angústia, o "ser se tornou partida" e, como tal, o ser é começo. Habitando a orla, voltado para a realidade pré-individual, o "indivíduo em processo"

---

[64] "Simondon apresenta a angústia como um possível caminho de individuação, mas raro e reservado a poucos seres. Comentando essas páginas, eu tentei mostrar que, ao contrário, ela permitia uma individuação, de uma forma nova, uma terceira individuação. E que somente o medo e a representação catastrófica desse trabalho de metamorfoses operado pelo pré-individual no indivíduo sob a forma de uma desindividuação interminável e intensa, impediam e obstruíam esse caminho. No processo de individuação, criador de indivíduo, no sentido de Simondon (quer dizer, de indivíduo-mais-que-um, de individuado portador de seus potenciais de transformação), o olhar e a intenção vão na direção dessa forma do individuado – com a passagem de uma forma a uma outra sendo apenas um meio. No processo de desindividuação da angústia, o olhar e o desejo se transmutam, e poderíamos dizer que o ser entra em um esquecimento do individuado. Ao final da desindividuação não há re-individuação. Há *o outro que não indivíduo*. Eu propunha a ideia de que aí não há mais nem passagem nem formas, mas um *ser da orla*. Simondon termina suas linhas com essa frase surpreendente: 'Ela (a angústia) é *partida do ser*'. Como se, desde então, *a partida*, e não mais o individuado, caracterizasse o ser" (Emilia Marty, "Simondon, um espaço por vir". Trad. de Carla Ferro. *Multitudes*, v. 18, outono 2014).

vive na proximidade da "fonte viva". E a "fonte viva" está lá onde se criam mundos.

Com isso, a natureza mesma do conhecimento se transforma. Conhecer já não pressupõe sujeito e objeto e torna-se análogo à *criação artística*. Cito Marty: "O pensamento, aqui, não é mais o meio do domínio, ou até da dominação, sobre os objetos que ele estuda. Ele é um *ato de co-criação* do vivente, acompanhando as etapas da individuação". É um pensamento que acompanha a gênese de tudo que há, dos indivíduos como um todo, seja ele homem, planta, rocha ou pensamento. Essa discussão me remete a Lem e à sua obra de ficção científica imortalizada pelo planeta Solaris, o oceano pensante, transformação incessante, "auto metamorfose ontológica",[65] extremamente criativo e, então, um verdadeiro desafio para o conhecimento humano. Solaris, a vida, na melhor expressão de Lem Stanislaw, é trans-forma-ção, formação sem forma estável.

Adaptação-desadaptação

O mesmo "esquema ordenador" está presente no capítulo "Adaptação, individuação e coletividade" no livro *Vida simbólica*, escrito em 1916. Esse escrito tem forte inspiração nietzschiana, muito embora Jung não cite Nietzsche, mas basta que se conheça um pouco o filósofo alemão para perceber essa presença. Refiro-me ao prólogo de *Assim falou*

---

[65] Stanislaw Lem, *Solaris*. Trad. de José Sanz. Rio de Janeiro: Relume-Dumará, 2003, p. 36.

Zaratustra:[66] a metáfora da morte do equilibrista e o encontro com Zaratustra.[67]

Nesse escrito, Jung volta a insistir, como em nenhum outro, na importância da adaptação/desadaptação. Frente ao colapso da adaptação do(s) indivíduo(s) ao "meio", inicia-se o processo de individuação, e o indivíduo individuado (por exemplo, o ser humano) se vê arrancado da corrente energética[68] que o liga ao social-função/hierarquia social. A suposta presença da passagem nietzschiana é importante para que possamos compreender que ninguém se individua, para Jung, na "função social", nos papéis que nos são atribuídos, em uma hierarquia social. Aqui só há massificação, uniformidade, submetimento, domesticação dos indivíduos atomizados.

Enquanto estava performando uma função social e artística, o equilibrista era aclamado pela multidão; quando cai e morre, vale dizer, quando já não exerce uma função social, é abandonado por todos. Menos por Zaratustra. A morte do equilibrista é a metáfora da saída da função social, do papel exercido na sociedade – tanto em Nietzs-

---

66 Friedrich Nietzsche, *Assim falou Zaratustra*. Trad. de Paulo César de Souza. São Paulo: Companhia das Letras, 2018.
67 No capítulo "A individuação psíquica" do livro *A individuação à luz das noções de forma e de informação* (Trad. de Luís Eduardo Ponciano Aragon e Guilherme Ivo. São Paulo: Editora 34, 2005), Simondon explicitamente se vale da metáfora do equilibrista (pp. 417-20). Aliás, essa metáfora é central no pensamento de Simondon. Nas páginas que seguem comentarei o valor dessa passagem nietzschiana para Simondon.
68 Nesse artigo, de 1916, Jung volta às suas intuições originais a respeito da energia como um campo comum presente em tudo que há; não só no indivíduo, mas também na sociedade, no coletivo. É como se essa energia o atropelasse, exigida pelos seus demais conceitos, e então ela reaparece na sociedade e no coletivo, e não só no indivíduo.

che quanto em Jung – para a experiência do processo de individuação. Para ambos, a individuação se faz em solidão – solidão, para Jung, na companhia de um analista que conheça o processo.

A presença de Nietzsche também se faz notar quando Jung frisa que do processo de individuação algo novo nasce: é preciso "criar algo", novos valores, novas ideias e a si mesmo, enquanto criação de diferença, diferença de si.[69] Esse algo novo é uma espécie de passaporte para que haja o reingresso na energia da coletividade-individuada. Jung, nesse artigo, insiste muito na culpa que acomete o indivíduo-individuante por ter se "ausentado" do social e então da função e hierarquia social; essa culpa é gerada como uma espécie de moeda do que recebe do social/função social por "ausentar-se": desprezo.

Simondon também se vale do Prólogo de *Assim falou Zaratustra*. Para Simondon, os indivíduos, todos os indivíduos vivos, não são idênticos a si mesmos, não estão acabados, não se esgotam na sua individualidade, no contorno que pensam ter, pois carregam consigo, no processo de individuação do qual procedem, a "energia potencial", o "pré-individual" – uma espécie de vitalidade "anterior" aos indivíduos, todos eles, os humanos, as plantas, os animais, os deuses. Carregam consigo um excesso de ser – a energia potencial – e por isso discrepam de si mesmos e seguem metamorfoseando-se, individuando-se. Essa carga potencial, essa energia potencial, é um *campo comum* a

---

[69] Sabemos e respeitamos que essa ideia da "diferença em si", sem que haja uma causa externa, pertence ao léxico deleuziano e, todavia, está presente em Jung e claramente anunciado no processo de individuação.

todos os indivíduos-individuados e, por isso, nos permite compreender que a comunicação entre todos é possível. Compartilhamos esse *campo comum* que vai do plano físico aos seres vivos, psíquicos, social. Em tudo que fazemos há o pré-individual e o transindividual, coextensivos: a mesma coisa vista de *dois diferentes pontos de vistas*.

Ora, é exatamente a solidão de Zaratustra, depois da morte do equilibrista, que dá início à prova da transindividualidade; dito de outra maneira, a solidão é a passagem do individual[70] para o transindividual. O equilibrista morto, a des-individuação, sinônimo aqui de morte, permite que Zaratustra sinta a *continuidade entre todos os seres, a conexão entre os pré-individuais*. Na solidão da montanha, Zaratustra conecta-se com pensadores, com todos os fluxos e potências do mundo. Em um movimento contraintuitivo, o filósofo/Zaratustra sente, na solidão, o apelo do transindividual, o apelo da comunidade por vir – impossível de ser percebido quando se está na função social, quando se está submetido a uma hierarquia social que dificulta uma percepção/sensação de continuidade; na sociedade[71] mantemos tudo que existe separado, indivíduos como átomos separados e isolados. Solidão e transindividual não são en-

---

70 Tenhamos em mente que, para Simondon, nada começa nem termina no indivíduo. O indivíduo-individuado é só uma fase do ser, outra fase é o pré-individual, a energia potencial, a metaestabilidade. Ser e Devir não são opostos em Simondon. O Devir é uma fase do Ser.
71 Simondon pensa o social/sociedade, em que o equilibrista vive e faz suas performances, comparável à sociedade animal com funções fixas, uma heterogeneidade estrutural. Jung e Simondon diferenciam sociedade e coletividade. A sociedade é a engrenagem de múltiplas funções sociais; a coletividade é, para Simondon, o transindividual, o apelo por uma comunidade por vir.

tão opostos; é exatamente na e com a solidão que o transindividual (a conexão entre todos os pré-individuais] apela à comunidade – comunidade por vir.

Simondon, com essa reflexão, nos permite compreender que há algo mais que nos conecta além do pessoal ou da conexão entre dois sujeitos; esse "algo além" é da ordem do transindividual/da comunidade.[72] O sujeito, para Simondon, todos os seres vivos, tendem ao coletivo. Dito de outro jeito, o ilimitado, o *apeiron*/natureza, esse imenso desconhecido em nós, que nos torna incompatíveis, discrepantes conosco mesmos – seres individuados e limitados que somos –, exige renovação incessante. E essa renovação mostra que somos processos e trans-forma-ções e não substâncias.

Jung está a oferecer algo precioso para Simondon no artigo de 1916, "Adaptação, individuação e coletividade". É inútil, como já insisti anteriormente no presente escrito, aproximar e/ou diferenciar os conceitos entre Jung e Simondon, como fizeram alguns comentadores. Simondon não se deixa influenciar, não ressignifica os autores (os pensamentos e/ou os conhecimentos) que pesquisa; ele os individua. Essa é a chave. E, todavia, é importante apontar pistas do que Jung ofereceu a Simondon, que o individuou. Penso que, no artigo citado, Jung desenha momentos importantes e separados, inscritos no "esquema ordenador" aqui suposto. Para Jung, individuação e coletividade são momentos separados. Primeiro há individuação e depois a

---

[72] Para compreender melhor a metáfora da morte do equilibrista, me vali das aulas de Peter Pál Pelbart, no curso "Por uma (Po)ética da Alteridade", no Atelier Paulista, oferecidas no segundo semestre de 2024.

reinserção no coletivo através da "criação de algum valor", de alguma ideia, de si mesmo na diferença. E, todavia, o recado está dado: a individuação não se encerra no "trabalho" psíquico, emocional, espiritual do indivíduo! A individuação requer, exige a coletividade-transindividual para se dizer até o fim. Claramente, para Jung são dois momentos, e isso porque assim era o pensamento da biologia de sua época. Recado dado, Simondon o escuta e, com ele, individuação e coletividade não são momentos separados:[73] a individuação psíquica (quando todo e qualquer ser vivo torna-se um problema a ser resolvido; quando para Simondon surgem sujeitos) já é coletiva-transindividual.

Descrição do processo de individuação em Jung e o entrelaçamento de individuações

Vou descrever a individuação de Jung na década de 1910, tendo como base o texto "Confronto com o inconsciente", de *Memórias, sonhos, reflexões*. A pergunta que me inquieta é: como se processam hoje as individuações? Como dizia Henri Bergson, o falso e o verdadeiro se alojam na pergunta – não na resposta. É urgente perguntar como as individuações se processam em um tempo em que o mundo mudou e as subjetividades e os processos subjetivantes também se transformaram. Um tempo cuja gramática é a da "formação sem forma", como sugerimos na introdução deste ensaio.

---

[73] Tanto a física quântica quanto a biologia genética permitem a Simondon não mais separar indivíduo-e-coletivo.

"Confronto com o inconsciente", a descrição de Jung do processo de individuação, foi o amparo de todos que se individuaram no século XX. Sustentei e testemunhei na minha clínica centenas de processos individuantes: uma perda significativa, às vezes uma pergunta sem resposta, um desajuste qualquer em um objeto mais investido; tudo isso, no *tempo próprio* de alguém, pode desencadear uma desadaptação em relação ao meio, entendido como o social, o coletivo. E, com isso, também a regressão da energia que advém do jogo de opostos. Individuação é sinônimo de regressão.

Um acontecimento, uma ruptura que desaloje e, portanto, desadapte um ser vivo/ humano: Jung viveu isso quando rompeu com Freud e a psicanálise. Toda a energia libidinal – nos termos de Jung, fruto do jogo de opostos – sofre uma enantiodromia, uma introversão – um desinvestimento libidinal radical em relação aos objetos amados e investidos do mundo externo – e, então, quem vive esse processo volta-se para o mundo interno. Essa guinada não é uma opção, uma ação do ego e/ou da consciência; eu diria que é da ordem da vida. É o momento da queda do equilibrista, como discuti anteriormente, na bela passagem de Nietzsche. Quem se individua não pode manter-se na "função social" – caso se mantenha, vale-se de uma persona. Neste momento, quem se individua só sabe conjugar o verbo desistir, no particípio passado; quem vive esse processo é desistido, os objetos amados escapam um após outro do interesse e da consciência, exatamente porque a pessoa está se des-individuando: Jung "desistiu" de ser professor na Universidade de Zurique, "desistiu" da psicanálise, "desistiu" do pai-Freud. Momento aparentemente de estagnação, e de fato é de regressão vertiginosa. Jung, por uma qualidade própria da sua personalidade, passou a acolher suas fantasias e seus sonhos. Chamo a atenção para três pontos que estão presentes na individuação de Jung e seguem presentes também nas individuações contemporâneas.

Ignorância constitutiva ou insaturação radical

Incerteza é o sentimento predominante: "Depois da ruptura com Freud, começou para mim um período de incerteza, e mais que isso de desorientação".[74] Jung abre mão de qualquer teoria na clínica, concentrando-se na fala, sonhos e imagens de seus pacientes. Só com esse esvaziamento radical é possível criar algo novo na clínica. Orientações provisórias surgiam e, com a mesma facilidade, caíam. No início do processo, Jung lembrou-se: "Possuo agora a chave para a mitologia e poderei abrir todas as portas da psique humana inconsciente". E então uma voz murmura dentro dele: "Por que abrir todas as portas?". E logo interroga-se sobre o que havia realizado: o mito do herói? Ele lhe serve? Para de pensar porque atinge seu limite. Desiste.

Esse avanço seguido de interrogações e desistências se dá ao longo de todo o confronto com o inconsciente, e acredito que isso encerra algo pertinente ao processo de individuação, uma espécie de *ignorância constitutiva* – ou insaturação radical. É preciso sempre de novo abrir mão do que já se sabe, pois já não interessa, não tem mais brilho, é inútil. Passo a passo, por anos, vamos ficando sem nada nas

---

[74] Carl Gustav Jung, op. cit., 1961, p. 152.

mãos, quero dizer, na mente, na psique. Esse esvaziamento, essa *ignorância constitutiva*, é condição para que novos e inacabados sentidos brotem da experiência do processo individuante. Quem atravessa esse processo conquista (sim, porque é uma conquista emocional) uma pobreza radical, condição para ter acesso a um novo mundo, uma nova habitação, uma utopia rente ao chão individual e coletiva.

A personalidade e a teoria de Jung sempre me encantaram em função dessa *insaturação radical*: depois de nos falar muito sobre o jogo de opostos, ele chama para a conversa dois desses opostos, instinto e espírito, e nos confessa: minha inteligência não alcança o que são, mas sei que operam na psique. O mesmo em relação aos instintos e arquétipos, o par mais notável de sua teoria: não sei dizer o que são, mas sei que operam na psique. À força das perguntas que promove passou a vida inteira perguntando, seguido do empalidecimento das respostas. Jung é um teórico prolixo, transbordante de palavras, mas fundamentalmente pouco pode nos dizer sobre qualquer coisa! Ele sempre nos escapa! Só é possível atravessar um processo individuante com essa postura insaturada, com isso que estou chamando de *ignorância constitutiva*. Quem já sabe o que é a individuação, o processo de individuação, já não pode viver essa experiência como um gesto inaugural, um acontecimento em si mesmo. Salve, salve para essa atitude e para a coragem de Jung em mantê-la ao longo de anos do seu processo individuante; foi essa atitude de um não saber tão radical que lhe permitiu colher novos sentidos rente ao chão tanto do ponto de vista individual como coletivo; seu processo individuante e essa atitude de não saber radical lhe permitiram individuar-se e ao mesmo tempo alinhavar/fabricar os principais conceitos da psicologia analítica. Muito saborosa essa atitude em Jung, e é preciso muita frequentação ao autor e sua obra para chegar a esse paradoxo inscrito na sua mente. Talvez um dos autores mais prolixos o século XX, é também um "carmelita descalço"/"carmelo descalço",[75] refiro-me, claro, à teoria, como muitos outros filósofos e psicanalistas o são; basta que nos lembremos de Martin Heidegger, Wilfred R. Bion e Jacques Derrida; desconfiei disso anos atrás e orientei uma tese de doutorado na Unicamp, com um aluno brilhante, Ulianov Reisdorfer, que foi nessa direção, e a tese foi posteriormente publicada com o título *Ciência, estética e mística em Carl Gustav Jung*.[76] Nessa tese, a mística é da *teologia negativa*, ainda que marginalmente Jung seja devedor dessa mística (Meister Eckhart, Santa Tereza D'Ávila, São João da Cruz, Jacob Boehme e o poeta Angelus Silesius, que escreveu *O peregrino querubínico*). Nela há uma diferença entre Deus e a Divindade; posso falar muito sobre Deus e tudo que há, mas não posso dizer nada sobre a Divindade. Quem melhor a popularizou foi outro filósofo do século XX, Jacques Derrida, em um ensaio original chamado "Salvo o nome"![77]

Jung acompanha seus sonhos com acuidade, buscando a sonhada orientação. Espera e continua vivendo dando-

---

[75] A reforma espanhola da ordem do Carmo foi empreendida por Santa Tereza D'Ávila.
[76] Ulianov Reisdorfer, *Ciência, estética e mística: Modelos na psicologia analítica*. São Paulo: Annablume/Fapesp, 2012.
[77] Jacques Derrida, *Salvo o nome*. Trad. de Nícia Adan Bonatti. Campinas: Papirus, 1998.

-se conta da "atividade inabitual do inconsciente",[78] sob o domínio de muita "pressão interna".[79] Busca por associações para as figuras de suas fantasias, mas não raro não encontra solução para o enigma dos seus sonhos. A busca por respostas na infância, a tão apreciada e confortável causa que nos conta o que nos acontece, mostrava-se infrutífera, e então Jung tem que confessar a sua ignorância. "Pensei então: 'Ignoro tudo a tal ponto que simplesmente farei o que me ocorrer'".[80] É essa ignorância finalmente conquistada, é essa radical pobreza que permite a Jung abandonar-se ao "impulso do inconsciente".[81] Gosto muito de frisar esta insuficiência, esta *ignorância constitutiva* do processo individuante: abandonar o que se sabe, exercer-se no não saber. Aonde tudo isso nos levará? Esperar e continuar vivendo, deixar-se levar pelos impulsos inconscientes parecem ser a única consigna possível.

Já sem o esforço de saber e de dar conta, aparecem lembranças, lembranças imbuídas de emoções. Jung, depois de muita resistência, volta a brincar. Esse momento da individuação de Jung é particularmente comovente, e quem passou e acompanhou individuações radicais compreende o que lhe aconteceu. Já não há caminhos para o caminhante Jung, e, quando isso acontece – humilhados, destituídos de saber, ignorantes –, aceitamos os acenos do inconsciente, humildes agora. Jung brinca construindo cidades. O brincar tem uma função na mente de Jung: "meus

---

[78] Carl Gustav Jung, op. cit., 1961, p. 153.
[79] Ibid., p. 154.
[80] Ibid., p. 154.
[81] Ibid., p. 154.

pensamentos se tornavam claros e conseguia apreender de modo mais preciso fantasias as quais até então tivera apenas um vago pressentimento";[82] são elas, as fantasias, que o levarão até seu mito, seu conjunto de imagens arquetípicas. Deixo o leitor com as visões, sonhos e fantasias de Jung...

Ressalto, porém, que essa *ignorância constitutiva*, este não saber ativo, esta espera, a capacidade de perseguir o inusitado, permitirá a cada um que se individua, e permitiu a Jung colher novos sentidos que não eram apenas pessoais, mas também coletivos: "em que medida minha própria experiência estava ligada à da coletividade".[83] Aliás, essa era a grande pergunta.

No momento em que a regressão da energia psíquica é excruciante, tanto para Jung quanto para Simondon, a angústia parece ser infinita. Para qualquer um de nós que, incautos, vivemos esse processo sem nome, a melhor metáfora é de um fim de mundo. O "sem saídas" é, sim, o "fim de um mundo", do nosso mundo.[84] Demora anos, às vezes,

---

82 Ibid., p. 155.
83 Ibid., p. 157.
84 Relendo diversas vezes essas passagens do capítulo "Confronto com o inconsciente", associei-as a momentos vividos por Pedro Vermelho, de Franz Kafka ("Um relatório para uma academia". In: Franz Kafka, *Um médico rural*. Trad. de Modesto Carone. São Paulo: Companhia das Letras, 1999). Pedro Vermelho, um macaco capturado por uma expedição de caça da firma Hagenbeck, na selva da Costa do Ouro, leva dois tiros, um deles na maçã do rosto, deixando-a para sempre com uma cicatriz avermelhada – vem daí seu apelido Peter, o Vermelho; o outro tiro, na anca, deixou-o manco. Foi aprisionado na coberta do navio a vapor em um caixote baixo demais para que se levantasse e estreito demais para que se sentasse. Agachado com os joelhos dobrados, passa o tempo voltado para a parede do caixote. Pedro Vermelho, pela primeira vez na vida, estava "sem saída", estava "encalhado", e vê-se às voltas com intenso sofrimento. Na

a duração dessa angústia sem fim, desse mundo acabando, sem que consigamos agir. Se esperarmos, e nos entregarmos para o desconhecido em nós mesmos, começará um novo movimento, nascerá a "diferença em nós mesmos" – termo que já vimos, e foi cunhado por Deleuze, mas visível em individuações radicais como a de Jung; é exatamente essa diferença que chamamos de processo de individuação. Nesse devir não há um elemento exterior que seja a causa. A diferença é imanente e advém da energia psíquica e/ou metaestável que nos engolfa. Impossível pensar essa diferença intrínseca sem um campo energético. Essa diferença é o desconhecido em nós mesmos e que permaneceria desconhecido se não o atualizássemos no processo individuante. A progressão da energia psíquica e a constituição de novos interesses demora, não raro, anos para se fazer palpável.

Essa experiência-fonte se constituiu na base de toda a obra de Jung; ele diz isso explicitamente nesse capítulo:

> Hoje posso dizer que nunca me afastei de minhas experiências iniciais. Todos os meus trabalhos, tudo o que criei no plano do espírito provêm das fantasias e dos sonhos iniciais. Isso aconteceu em 1912, há cerca de cinquenta anos. Tudo o que fiz posteriormente em minha vida está

---

selva ele era "cheio de saídas", e agora, ele "não tem mais saídas". Sonhar com a liberdade não era uma saída. Pelo contrário: fugir para o oceano e afogar-se? Para onde estavam outros animais e morrer aninhado nos braços de uma cobra venenosa? Ele está "sem saídas". Friso o "sem saídas" e nada mais pois o vir-a-ser humano que o símio finalmente abraça se dá por imitação, e a individuação é sofrer uma diferença em si mesmo, e não um processo imitativo.

contido nessas fantasias preliminares, ainda que sob a forma de emoções ou de imagens.[85]

Apreendeu o movimento da vida, regressão e progressão e por isso, e com isso, pôde encontrar seus amigos alquimistas. Doravante tinha uma chave de ouro, sua experiência, que lhe permitiu construir um invejável edifício teórico, inclusive como habitação psíquica. Nesse edifício, o indivíduo não está mais separado dos demais seres, não está mais dado e acabado; doravante é um indivíduo-individuante. E a conquista da diferença é intrínseca a esse processo. Tão marcante é essa descoberta na obra de Jung que, já vimos, o indivíduo, para se individuar, o faz fora da "função social", é expulso da corrente energética da coletividade e só pode re-ingressar quando construir essa "diferença em si mesmo", expressa em um novo valor, em uma transformação da própria personalidade, em uma nova ideia. Individuação e coletividade em Jung são dois momentos separados: primeiro saímos do social, perdemos, como o equilibrista, a nossa "função social", para no final da individuação re-ingressarmos no coletivo; para Simondon, não existe essa separação. Individuação é já coletiva!

A psicanálise olha sem simpatias para isso que Jung viveu e que estou a contar mais uma vez. Só com o outro podemos criar e nos curar – eles dizem. Jung teve um outro que o acompanhou: Toni Wolf o testemunhou. Quando se tem uma experiência inaugural, só suportamos que o outro nos testemunhe.

---

[85] Carl Gustav Jung, op. cit., 1961, p. 170.

Jung, no final da década de 1910, sai desse processo muito diferente da maneira que entrou. Por anos ficou só, até encontrar seus companheiros de destino, os alquimistas. E a partir de então construiu os pilares da psicologia analítica – e, com ela, um "coletivo para chamar de seu" –, tendo essa experiência, a experiência do processo de individuação, como fonte. Como já insisti em alguns momentos, sua teoria é sinônimo da sua forma, a nova forma individuada: traduzida no seu imenso edifício teórico, sua preciosa habitação.

Estremecimento de fronteiras e fricções culturais

Um aspecto interessante presente em "Confronto com o inconsciente" é aquele do estremecer das fronteiras. O cão farejador foi quem chamou minha atenção para isso. Se o leitor lembrar como, no capítulo passado, chamei a atenção para a ideia da operação individuante do próprio inconsciente na produção de formas culturais, e refiro-me aos arquétipos... Se o leitor mantiver presente essa questão, saborearemos juntos o estremecer das fronteiras no precioso capítulo que agora estamos trabalhando. Através da sua mente/psique, Jung parece navegar no tempo e no espaço: uma espécie de geografia temporal psíquica, e, nela/com ela, a história da humanidade. Nessa geografia, com a regressão e imbuído da energia dos opostos, as fronteiras estremecem e liberam imagens, fantasias ativas e passivas, linguagem dos opostos.

Ora, nesses anos em que a experiência de individuação o atravessa, Jung, mais do que em qualquer outro momento da sua vida, experimenta esse caldeirão energético e o borbulhar de imagens. E, todavia, não são imagens caóticas; antes são aquelas que brotam do estremecer das fronteiras, em um movimento inédito da regressão na história da humanidade.[86] Não é assim que lhe aparecem Elias e Salomé, um velho de barba branca e uma bela jovem, personagens bíblicos? Ou Ka, no antigo Egito o "Ka do Rei", considerado sua forma terrestre, sua alma encarnada - espécie de demônio da terra ou dos metais, um gênio da natureza também venha ao encontro de Jung? Ainda, Filemon, um pagão mergulhado em uma atmosfera meio egípcia, meio helenística, algo gnóstica, um espírito alado?

Esses personagens misteriosos que surgiam do estremecimento das fronteiras inscritas no inconsciente coletivo e acessíveis, nesse momento, a Jung, mergulhado que estava na energia fruto dos opostos, traziam consigo ensinamentos preciosos. Filemon, por exemplo, ensinou-o sobre a objetividade psíquica e a "realidade da alma". Cito um trecho maravilhoso – o que chamaríamos hoje, na antropologia contemporânea, de fricção ontológica – dos ensinamentos de Filemon:

> [...] Em imaginação conversei com ele e disse-me coisas que eu não pensaria conscientemente. Percebi com clareza que era ele, e não eu, quem falava. Explicou-me que eu lidava com os pensamentos como se eu mesmo os tivesse

---

[86] Outro autor que muito nos ensinou sobre a regressão na história da humanidade foi o gênio da ficção científica chamado Philip K. Dick. Leiam as biografias de Dick e saboreiem esses encontros inesperados, frutos de regressões. Claro que Dick acabou por encontrar Jung!

criado; entretanto, segundo lhe parecia, eles possuem vida própria, como animais na floresta, homens numa sala ou pássaros no ar: "Quando vês homens numa sala, não pretenderias que os fizeste e que és responsável por eles", ensinou-me. Foi assim que, pouco a pouco, me informou acerca da objetividade psíquica e da "realidade da alma".[87]

Esse estremecer de fronteiras,[88] essas fricções culturais passíveis de emergirem na mente/psique/alma de Jung,

---

[87] Carl Gustav Jung, op. cit., 1961, p. 162.
[88] Quando li pela primeira vez o livro de Nastassja Martin, *Escute as feras* (Trad. de Camila Boldrini e Daniel Lühmann. São Paulo: Editora 34, 2021), me entusiasmei com a descrição. O livro não é uma etnografia, mas o diário de campo da antropóloga; uma autobiografia escrita com leveza, emoção e sabedoria. Com Nastassja só conhecemos afetação, porque ela se deixou afetar e sua escrita suave mas aguda nos remete a esses campos de afetação: sofremos com ela, e junto dela vamos sofrendo aberturas de mundos inimagináveis. Fiquei apofática, pois o livro nos conta como as novas individuações hoje se dão. Claro que nem todos serão mordidos por um urso na floresta gelada da Sibéria, como ela, Nastassja, foi. O urso foi o acontecimento arrebatador, inesperado, que a desalojou/desadaptou de seu mundo e a arrastou a uma notável individuação. Enquanto lia o livro, rabiscava-o com o nome de Jung e de Simondon insistentemente. Não vou refazer o sentido desses rabiscos. Quero só chamar a atenção dos leitores para duas questões presentes no livro. A primeira refere-se às duas metáforas que nos indicam de onde ela está falando: a) metáfora da água e do gelo. O gelo é sinônimo da objetificação do mundo, mas a água sob o gelo é comum a todos nós – paralela da energia psíquica em Jung e da metaestabilidade em Simondon. Não por acaso, ela cita Empédocles (*Da natureza*, fragmento 117), um pré-socrático, na epígrafe de seu livro: "Pois fui, durante um tempo, menino e menina, árvore e pássaro, e peixe perdido no mar". b) Outra metáfora de igual valor: o vulcão e a lava – que também se petrificará, mas, enquanto lava, é a água que corre sob o gelo! Uma maneira poética de dizer que, como muitos autores atualmente, Nastassja lê o mundo de maneira genética, uma gênese que tem base comum: água, lava, energia dos opostos, metaestabilidade etc. Só o pensamento genético pode nos irmanar aos outros seres: menino, menina, peixe e pássaro. A outra questão refere-se ao

cujos frutos são novos sentidos que se condensam e brotam como estranhos personagens – criações involuntárias da imaginação, personificações –, posteriormente sustentaram o que Jung compreende teoricamente por inconsciente coletivo e suas formas, fruto da operação individuante do próprio inconsciente, os arquétipos.

O mais importante para Jung era diferenciar o consciente dos conteúdos do inconsciente, personificando-os e depois estabelecendo com eles, a partir da consciência, contato. Só dessa maneira é possível despotencializá-los, sem o que irão exercer seu poder sobre o consciente, principalmente quando têm um certo grau de autonomia. Aliás, com essa difícil técnica familiarizamo-nos nos consultórios com a ideia da autonomia desses conteúdos inconscientes, e nisso reside "a possibilidade mesma de uma inter-relação entre consciente e o inconsciente".[89]

---

estremecer das fronteiras: Nastassja habita no mundo do entre: o naturalismo e o animismo. O naturalismo do Ocidente, pois ela é francesa e antropóloga, mas estuda os povos animistas das florestas geladas do Alasca e da Sibéria. Entre essas duas ontologias, e no estremecimento dessas fronteiras, emergem suas reflexões antropológicas, que o livro *Escute as feras* tão bem representa. Aliás, o ensaio que o leitor tem em mãos está fortemente inspirado no livro de Nastassja. A escrita dela não tem mais fronteiras, uma escrita que ressoa a experiência dela com o urso; experiência que estremeceu todas as fronteiras. Penso que é obrigatório citar esse livro e a presença de Nastassja Martin, pois ela traz à tona o que estamos vivendo intensamente e que chamamos de conflitos ontológicos. A ontologia naturalista deixou de se ver como única e hoje o mundo é circundado e habitado por outras ontologias, por outros modos de viver e diferir, e dos conflitos entre essas ontologias brotam/faíscam novos e transbordantes sentidos, mudando a paisagem do mundo. Impossível pensar esse estremecer de fronteiras abrindo mão do pensamento genético.
89 Carl Gustav Jung, op. cit., 1961, p. 166.

Quis enfatizar neste item que a regressão da energia não se refere apenas à história individual daqueles que fazem a experiência do processo de individuação; a regressão tem a ver também com a história coletiva, com a história da humanidade. Uma familiaridade afetiva e emocional com as múltiplas possibilidades culturais coletivas e, não raro, também o farejar do animismo nessa aventura inusitada.

Individuação e civilização em transição

O terceiro ponto que gostaria de pensar refere-se a uma questão que se anuncia por toda a obra de Jung, inclusive em "Confronto com o inconsciente", sem que esteja amarrada pelo próprio autor, Jung. O processo de individuação na interpretação que perseguimos não é só, nem exclusivamente, a individuação do indivíduo humano!

O indivíduo-individuante não se diz, por exemplo, sem o pensamento genético: há uma gênese dos indivíduos a partir de um campo comum, a energia dos opostos, que a tudo irmana, e por isso Jung nos diz "em tudo que vejo, vejo a energia dos opostos". Esse mundo irmanado que advém desse campo energético, dessa água-mãe de onde brotam os cristais, é o que nos permite pensar em sair da "solidão da excepcionalidade" do ser humano. Este ser talvez não seja tão excepcional assim! Não o é para Jung, que o irmana a todos os seres vivos portadores de arquétipos e então de imagens-conhecimento. Essa energia é vida e é transformação. Lembremo-nos que Jung parte da ideia de que toda a teoria de um autor não é senão sua "confissão subjetiva". Se isso é assim, como já insisti diversas vezes, a experiência-fonte de onde advém toda sua fabricação de conceitos é o processo de individuação, e essa malha teórica é a maneira como construiu para si sua habitação: indivíduo-mundo, individuação-coletividade. É claro que essa nova cosmovisão foge completamente da ontologia naturalista do Ocidente, e isso é tangível a partir de toda uma teia de conceitos: campo comum energético de onde advêm todos os indivíduos inacabados e sujeitos a individuações permanentes, individuação-coletividade, *unus mundus*, sincronicidade, sentidos-significação, espiritualidade, civilização em transição.

Os processos individuantes em Jung eram caminhos para a civilização em transição – fiz essa aposta desde o primeiro capítulo deste escrito. Caminhamos do pontual, o indivíduo-individuante, para o geral, a civilização em transição, como, aliás, é o nome de um dos seus livros.

3

Por que insistir em Jung e Simondon?

O leitor condescendente, se porventura me acompanhou neste percurso, deve estar se perguntando: mas por que insistir tanto em Jung e em Simondon?

Porque, caro leitor, estamos frente a uma crise civilizatória e climática grave, que chamamos Antropoceno, uma catástrofe que "já aconteceu". Os cientistas chamam de Antropoceno a intromissão dos seres humanos no dinamismo de Gaia, e então o antropocentrismo e/ou a máquina antropocêntrica discutida por Giorgio Agamben passaram a ser uma questão. Temos que inventar novos modos de viver, de existir e de diferir, temos que enfrentar uma transição civilizatória. Será que dá tempo? Essa é a única pergunta dos cientistas que se amparam nessa nova era geológica chamada Antropoceno.

Por essa razão insistimos no processo de individuação de Jung e nas individuações física, vital, psíquica-coletiva, social, do objeto técnico, do conhecimento que Simondon, na sua interlocução com Aristóteles, trouxe à tona. Não se trata de um projeto político a ser implementado; trata-se, tanto em Jung como em Simondon, de reconhecer – e, ao reconhecer, criar – um campo de experiências, de experimentações; refiro-me às individuações, ocultadas por categorias de conhecimento que não mais são pertinentes ao mundo turbulento em que vivemos.

É como se as nossas categorias de conhecimento aristotélicas (em pleno vigor na modernidade) não nos permitissem ler, reconhecer e criar a realidade, já que as lentes do filósofo grego – Aristóteles – leem o indivíduo, todo e qualquer indivíduo, como individuado, dado e acabado, dotado de uma essência/substância, a primazia da forma universal e imutável.

Na política, o mundo moderno conta com duas figuras reconhecidas por todos nós: o indivíduo liberal, competitivo no mercado, e um Estado moderno que, por contrato, emerge desse conjunto de indivíduos em guerra. Indivíduos humanos separados dos demais seres, litigando entre si e ocupando-se da guerra no mercado. Indivíduo-individuado, contratualismo e representação são as chaves modernas. Neoliberalismo e necropolítica são as categorias de pensamento político que nos educaram e que, de novo e sempre de novo, reerguemos contra nós mesmos; são elas que hoje não nos permitem ler a realidade se fazendo, transformando e diferenciando. Uma realidade turbulenta e individuante. Negada pelas categorias de conhecimento nas ciências humanas como um todo e na área psi em particular; nesse mesmo gesto, ocultamos a realidade porvindo.

Como funcionam de maneira geral as ciências humanas – incluindo a antropologia e a área psi? Aplicam conceitos que são extrínsecos ao que se estuda. Muitos reagirão contra, dizendo que não é bem assim, que há uma relação dialética e até mesmo uma disjunção-tensão-conflito entre teoria e prática, melhor seria dizer, teoria e clínica. Talvez os grandes teóricos consigam o tempo todo operar esses deslocamentos e essa criatividade tensionada entre teoria e prática; a maioria, porém, dos "cientistas acadêmicos" operam da maneira como sugere Viveiros de Castro: "Nós temos o conceito e queremos simplesmente ver como ele é preenchido". Na verdade, no caso da antropologia clássica, imaginamos "cada sociedade como que preenchendo uma forma universal – conceito – com um conteúdo particular; esquecendo que essa forma universal é o nosso conteúdo particular".[1] Ora, a antropologia contemporânea propõe uma mudança – e convida todas as ciências humanas para trabalhar na mesma direção: "Os procedimentos que caracterizam a investigação são conceitualmente da mesma ordem que os procedimentos investigados". Não há um conceito externo, estrangeiro, que nos ajude a compreender o que esteja sendo investigado! E, ainda, a antropologia contemporânea parte do princípio fundamental de que o antropólogo não sabe de antemão quais são os problemas que caracterizam o pensamento do Outro. Enfatize-se: este não saber não é empírico. Viveiros de Castro afirma: "É um não saber propriamente transcendental, uma ignorância, uma nesciência constitutiva da disciplina. 'Eu não

---

[1] *Revista Brasileira de Psicanálise*, v. 44, n. 4, pp. 15-26, 2010.

sei o que interessa a eles', e não simplesmente: 'Eu não sei como eles respondem ao que interessa a mim'." A antropologia contemporânea põe em relação problemas diferentes, não um problema único e suas diferentes soluções.[2] Imagine – e agora sou eu provocando – se este modo de proceder se alastrasse pelas ciências humanas, se no seio delas este "não saber propriamente transcendental" ganhasse um lugar de honra. E também na psicanálise e na psicologia analítica: de fato haveria escuta a partir desse não saber transcendental, do que anteriormente chamei de ignorância constitutiva. A fala do analisando deixaria de ser uma maneira de preencher conceitos postos de antemão.

Outro tanto poderíamos dizer das epistemologias modernas como as categorias de sujeito – objeto e de representação – universais. Elas também se mostram datadas, e, todavia, somos nós (da área das ciências humanas e da área psi em particular) que reerguemos um mundo que está morrendo a uma velocidade estonteante.

O novo e o velho se encontram como se vivêssemos um cabo de guerra: reerguemos e injetamos vida nas nossas categorias de conhecimento, vida-de-uma-intensidade--cada-vez-menor, vida-moribunda que não mais expressa, a realidade se fazendo no mundo porvindo. Com nossas categorias de conhecimento, com nossas teorias, um mundo que quer morrer convive com um mundo novo que episodicamente faz suas aparições: os seres vivos, os humanos, os coletivos e as sociedades estão a se individuar; o novo e o velho se encontram tensos e buscam saídas.

---

2 Ibid., p. 18.

O amor por formas muito vividas, batidas, cansadas, superadas... nonsense!

Para Aristóteles, o real é constituído de indivíduos individuados, portadores de uma essência, uma substância imutável, a forma. Indivíduo como um composto de matéria e forma = hilemorfismo.

As formas muito vividas, batidas e cansadas são herança aristotélica por excelência. Essa essência do indivíduo e de tudo que há, sua consistência, já é também o limite entre todos os seres individuados. E como seres individuados, como termos, estabelecemos relações.

Infelizmente, temos uma atração pela essência e pela substância da alma que, eu diria, é mortífera. A psicanálise e a psicologia analítica, com a ideia de inconsciente e/ou de inconsciente coletivo, nos libertam da ideia de essência e substância. Pelo menos parcialmente poderíamos fazer um desvio do aristotelismo, já que a forma, a estética do ser, como diria Christopher Bollas, incluindo o self verdadeiro/o idioma pessoal/o ego/a consciência são, doravante, como Jung gostava de afirmar, uma ilha no oceano, e a ilha é incessantemente atravessada pelo oceano. A psicanálise e a psicologia analítica nos arrancaram, até certo ponto, da modernidade cartesiana – que reafirma a substância pensamento (*res cogito*) e substância matéria (*res extensa*): no "Eu penso, logo existo".

Mas a forma, o amor pela forma, aliás, vista como universal, se manteve na psicanálise, por exemplo, no complexo de Édipo: Édipo africano, Édipo caribenho, Édipo gay! No movimento da psicologia analítica, o amor pela forma foi ainda mais intenso. Uma discussão pouco criativa, no final o século XX, arrebatou o campo junguiano com uma pergunta tosca: o self é monoteísta ou politeísta?

Nós, modernos, estamos amarrados ao aristotelismo, à realidade individuada, que se diz a partir de formas universais e eternas e, cada vez mais, batidas e cansadas. Junguianos, mais do que outras áreas, são amantes da morfologia, e então, no processo de individuação/singularização, que é uma experiência radical, de desconstrução e reconstrução, de regressão e progressão, vimos a recuperação de uma essencialização estranha da alma. Pois, para os amantes extemporâneos da forma, o processo de individuação é conquistado através da morfologia presente no livro de Jung chamado *O eu e o inconsciente*: o modelo (sombra, anima e animus, grande mãe, velho sábio, self) passa a ser aplicado incansavelmente na clínica. Essa morfologia aplicada foi piorada com a falsa polêmica do monoteísmo e do politeísmo do self. Deuses de diferentes mitologias descem dos céus e passam a compor formas de comportamento arquetípicas, eternas, na clínica. Deuses e deusas caíram como luvas e foram (de)formados, usados e abusados por psicólogos de formação junguiana. Uma festa nauseante de formas, sem criatividade, imóveis, rearranjadas para oferecer estabilidade aos humanos em um mundo veloz!

A psicologia junguiana, como é popularmente chamada, encontra-se, hoje, completamente formalizada-representada-essencializada.

Outro tanto poderíamos dizer da psicanálise, ou melhor, de alguns ramos da psicanálise, que continuam afirmando Édipo como a única maneira possível de existir, um Édipo que se diz no social, na política e na cultura!

O competente artigo de Hélio Pellegrino que discuti no primeiro capítulo deixa isso claro.

Na ausência da descrição de processos singulares, aplicamos a "teoria na clínica" como se essa fosse uma questão não datada e superada. Um pesadelo que parece não ter fim: o que é chamado de "teoria", na psicologia analítica, tem mais de cem anos. O mundo mudou completamente. A sociedade mudou, a cultura se transformou! Só a subjetividade permaneceu inalterada? Se a subjetividade é a única peça a não se alterar na velocidade de mundo que nos cabe viver, tem, sim, sentido "aplicar a teoria na clínica", aplicar a morfologia junguiana: sombra, persona, animus, anima, grande mãe, velho sábio, self, nos pacientes que procuram a clínica junguiana e que estão a se individuar. Esses passos, estágios de subjetivação, foram aceitos como forma, modelo, paradigma desse processo. Aplicar a teoria na clínica, vale dizer, os conceitos forjados por Jung na sua – dele – individuação no consultório contemporâneo é uma grande violência simbólica.

Some-se a isso que tanto na psicanálise quanto na psicologia analítica as teorias são incessantemente comentadas como se fossem livros sagrados. Radmila Zygouris[3] discute esse fazer incessante, denominado por ela de "cultura do comentário", e denuncia esse fazer como uma espécie de crise de criação. Concordo com Radmila, há muito tempo digo isso, mas nos conscientizarmos da crise de criação não basta! O que me parece mais grave, pelo menos no que diz respeito à individuação, é o fato mesmo de contar com uma teoria para ser aplicada, e isso apesar das advertências de

---

3 Radmila Zygouris, *Nem todos os caminhos levam a Roma*. Trad. de Caterina Koltai. São Paulo: Escuta, 2006.

Jung: "Conheça todas as teorias, domine todas as técnicas, mas ao tocar uma alma humana, seja apenas outra alma humana". A aplicação da teoria na clínica, completamente extemporânea, dá segurança: não é assim que alunos de graduação e pós-graduação se formam nas universidades e nos institutos (de)formação na área psi?

O processo de individuação, como Jung nos mostrou, é singular, quase indizível, tamanha a singularidade. A *ignorância constitutiva* é a chave para ter acesso a novos sentidos que a regressão individual-cultural-coletiva oferece para quem pode fazer essa experiência. Nesse processo, ofertar para si mesmo ou para pacientes-clientes uma forma, des-usada e abusada, é um crime ontológico! Aguentar a angústia, não apaziguá-la e, através da *ignorância constitutiva*, colher migalhas de sentido que advêm do embate mesmo da vida é a saída, única saída.

Teorias e modelos nos ajudam a *pensar a clínica* e não podem, não devem ser "aplicados nos consultórios", pois isso significa concretizar modelos, quero dizer, psicotizá-los. Não raro, porém, encontramos essa psicotização!

Melhor levar a escuta a sério, pois a área psi tem na escuta seu modo de ser clínico. Analistas que viveram individuações, múltiplas individuações, constituíram uma espécie de bússola energética que lhes permite compreender e pontuar a regressão e a progressão, movimentos centrais do fenômeno psíquico, e, com essa bússola e escuta atenta, ajudar o paciente-cliente a acolher utopias rente ao chão: o brotar de novos sentidos na cartografia pessoal e coletiva.

Resta saber por que este vício é tão arraigado em nós – nós da área psi. Por que insistimos em aplicar teoria/modelos na clínica? A razão é que servimos ao Estado, qualquer seja o senhor, o partido político, o tipo de governo presente. O Estado precisa de seres individuados, dotados de identidades, acabados e objetificados. É por esse motivo que todas as ciências humanas e, em particular, as psicanálises/psicologia analítica são morfológicas, gostam de formas prontas, conceitos, categorias extrínsecos à escuta e à singularidade, que possam ser aplicadas na clínica, no objeto-cidadão, no objeto-paciente.

Formação sem forma

Jung, a partir da experiência da individuação, processo inaugural nele e na cultura, aponta outro caminho: aquele que nos convoca para a trans-formação, formação sem forma, dos indivíduos-individuantes e não dos indivíduos-individuados. O mesmo poderíamos dizer de todos os seres vivos, dos grupos, das sociedades, das culturas. É esse caminho que me interessou investigar em Jung e em Simondon. Não resisto e trago um trecho de Simondon sobre as ciências humanas/ciência energética, a "tomada de forma", a individuação da sociedade:

> Em todo caso, chegaríamos à ideia segundo a qual uma ciência humana deve ser fundada sobre uma *energética humana*, e não somente sobre uma *morfologia*; uma morfologia é muito importante, mas uma *energética* é necessária; seria preciso se perguntar porque as sociedades se transformam, porque os grupos se modificam em função das condições de metaestabilidade [...] Ora vemos muito bem que o que há de mais importante na vida dos grupos sociais não é somente o fato de eles serem estáveis, é que em certos momentos eles

não podem conservar sua estrutura: eles devêm incompatíveis relativamente a si mesmos, eles se desdiferenciam e se supersaturam; esses grupos, exatamente como a criança que não pode mais ficar num estado e adaptação, se desadaptam. Na colonização, por exemplo, durante um certo tempo, há coabitação possível entre colonos e colonizados, e depois, de repente, isso não é mais possível, porque nasceram potenciais e é preciso que uma nova estrutura irrompa. E é necessária uma verdadeira estrutura, isto é, saindo verdadeiramente de uma invenção, um surgimento de forma para que se cristalize esse estado; senão, permanece-se num estado de desadaptação, de desdiferenciação [...] Por conseguinte vemos aqui uma perspectiva para criar uma ciência humana. Esta seria, em um certo sentido, uma energética, mas seria uma energética que daria conta dos processos de tomada de forma e que tentaria reunir num só princípio o aspecto *arquetípico*, com a noção de germe estrutural, e o aspecto de relação entre matéria e forma.[4]

E se nos preocupássemos, nós, das ciências humanas e da área psi, só com processos individuantes, descrições de processos? Se assim procedêssemos, seríamos convocados a fazer cartografias, uma experimentação deleuziano-guattariana, e não ofereceríamos universalidades objetivado-individuadas para o Estado. Faríamos teoria, é claro, mas teoria não a serviço do Um, do Estado, do capitalismo. A biopolí-

---

[4] Gilbert Simondon, "Forma, informação e potenciais". In: Gilbert Simondon, *A individuação à luz das noções de forma e de informação*. Trad. de Luís Eduardo Ponciano Aragon e Guilherme Ivo. São Paulo: Editora 34, 2005, pp. 605-6.

tica (e de certa forma também a necropolítica) do Estado depende, como já insistimos, desses indivíduos individuados, dados e acabados, dotados de identidades. As ciências humanas e a área psi são financiadas, em grande parte, pelo Estado e devolvem para ele formas cansadas, saturadas mas eficazes para que haja controle dos cidadãos ditos livres.

Tenho uma pergunta: a descrição de individuações nos levaria para onde no século XXI? Se o leitor tomar este pequeno e curto ensaio como a descrição das individuações que vivi e das experiências individuantes que acompanhei na minha clínica, e também das individuações que pipocam sem descanso nos movimentos feministas, LGBTQIAP+; que também pipocam nos conflitos ontológicos com ênfase no movimento feminista, nos povos originários e no povo preto, podemos dizer que as individuações hoje nos levam para uma imensa des-construção da forma, melhor dizendo, para uma "formação sem forma", como gramática do momento de transição que vivemos. Todo esse fervilhar de vida, nós, brasileiros, sabemos bem, tem como contraponto o fascismo, já que para muitos esse processo de diferenciação é insuportável.

Jung não pensou a individuação do/no social. Simondon pensou esse tipo de individuação, de processo individuante, na conferência "Forma, informação e potenciais", já citada. O leitor pode sacar de sua memória o que chamei acima de "esquema ordenador" presente em Jung, mas também em Simondon; na linguagem deste último: des-adaptação/metaestabilidade/dissolução-coagulação/adaptação. Com isso teremos um bom recorte do que podem estar sendo as individuações nos/dos grupos e no/do social, como frisamos no trecho acima.

Jung intui e balbucia uma nova possibilidade existencial civilizatória, e Simondon, ao individuar essas possibilidades, nos oferta uma verdadeira explosão: uma filosofia genética, um campo energético, o metaestável de onde tudo deriva e que permite individuações permanentes, porque, doravante, o indivíduo, nos mais diferentes níveis, é lido como o indivíduo + o "meio associado", o pré-individual, o metaestável. Essa filosofia do ser comporta o devir – ser e devir como fases, já que o ser não é unidade nem identidade. Abre-se também para uma nova forma de conhecer: a individuação do conhecimento. Desprezar as formas universais e essenciais em nome de um conhecimento que dá prioridade para a gênese, o processo, a realidade das relações – que já não são pensadas como relações entre termos; bem ao contrário, são as relações que produzem os termos. A transdução é a chave e a melhor maneira de acompanhar gênese, processo, pois é invenção. Individuação é invenção e, com isso, novas "tomadas de forma".

A teoria de Jung, como toda teoria, é datada e, em função disso, tem limitações, mas também tem ousadia, muito embora Jung não tenha trazido à tona todas as consequências culturais inscritas na experiência do processo de individuação. Mas sem dúvida abriu um caminho, diferente da proposta moderna e patriarcal, cuja aposta Simondon levou à frente. Estou a dizer que Simondon não existiria sem Jung? Não, não estou dizendo isso. Simondon com certeza não é devedor de Jung, e teríamos Simondon com ou sem Jung, mas não seria o mesmo Simondon. Seria outro. O Simondon que temos individuou elementos centrais da experiência e do pensamento de Jung. E deu chaves para o pensamento de Deleuze e Guattari que dão continuidade à ideia de individuação através do conceito-experiência do corpo sem órgãos, um corpo sem forma e da realidade das relações com a ideia de agenciamentos.

Com a palavra as estrelas deste ensaio: Simondon, Jung e os alquimistas:

> Dito de outra maneira, consideraríamos o processo de desdiferenciação no interior de um corpo social, ou no interior de um indivíduo entrando em período de crise, como os alquimistas de tempos passados consideravam a *Liquefactio* ou a *Nigrefactio*, isto é, o primeiro momento do *Opus Magnum*, ao qual eles submetiam as matérias colocadas no destilador; o *Opus Magnum* começava por dissolver-se totalmente no mercúrio ou reduzir-se totalmente ao estado de carbono – onde mais nada se distingue, as substâncias perdendo seu limite e sua individualidade, seu isolamento; após essa crise e esse sacrifício, vem uma nova diferenciação: e o *Alberfactio*, depois *Cauda Pavonis*, que faz os objetos saírem da noite confusa, como a aurora que os distingue por sua cor. Jung descobre nas aspirações dos Alquimistas, a tradução da operação de individuação, e de todas as formas de sacrifício que supõem retorno a um estado comparável ao do nascimento, isto é, retorno a um estado ricamente potencializado, ainda não determinado, domínio para nova propagação da Vida.
>
> Se for possível generalizar esse esquema e torná-lo mais preciso pela noção de informação, pelo estudo da metaestabilidade das condições, então se poderá almejar fundar a axiomática de uma ciência humana sobre uma nova teoria da forma.[5]

---

5 Id., pp. 605-6.

Referências bibliográficas

AGAMBEN, Giorgio. *O aberto: O homem e o animal*. Trad. de Maria de Lurdes Sirgado Ganho. Lisboa: Edições 70, 2012.

ALMEIDA, Mauro. *Caipora e outros conflitos ontológicos*. São Paulo: Ubu, 2021.

BAIR, Deirdre. *Jung: Uma biografia*. Trad. de Helena Londres. São Paulo: Globo, 2006. v. 1.

BARRETO, Marco Heleno. *Pensar Jung*. São Paulo: Loyola/Paulus, 2012.

BIRMAN, Joel. "Arquivos da psicanálise". *Viver Mente & Cérebro: Coleção Memória da Psicanálise*, São Paulo, n. 2, pp. 24-31, 2006.

BOLLAS, Christopher. *Sendo um personagem*. Trad. de Suzana Menescal de Alencar Carvalho. Rio de Janeiro: Revinter, 1998.

___. *Hysteria*. Trad. de Monica Seincman. São Paulo: Escuta, 2000.

___. *A sombra do objeto: Psicanálise do conhecido não pensado*. Trad. de Fàuma Marques. São Paulo: Escuta, 2015.

___. *O momento freudiano*. Trad. de Pedro Perússolo. São Paulo: Nós, 2024.

BORCH-JACOBSEN, Mikkel; SHAMDASANI, Sonu. *Os arquivos de Freud: Uma investigação acerca da história da psicanálise*. Trad. de Tiago Novaes. São Paulo: Unesp, 2014.

CARROZZINI, Giovanni. "Gênese psíquica". In: BOLLAS, Christopher. *Sendo um personagem*. Trad. de Suzana Menescal de Alencar Carvalho. Rio de Janeiro: Revinter, 1998.

___. "Simondon e Jung: Un confronto". In: *Gilbert Simondon – Per un'assiomatica dei saperi: Dall'ontologia dell'individuo alla filosofia della tecnologia*. San Cesario di Lecce: Manni, 2006.

CASTRO, Eduardo Viveiros de. *Metafísicas canibais: Elementos para uma antropologia pós-estrutural*. São Paulo: Ubu, 2018.

CHABOT, Pascal. "Simondon et la psychologie des profondeurs". In: *La Philosophie de Simondon*. Paris: J. Vrin, 2002.

DELEUZE, Gilles; GUATTARI, Félix. "Os personagens conceituais". In: *O que é filosofia?* Trad. de Bento Prado Jr. e Alberto Alonso Muñoz. São Paulo: Editora 34, 2010.

DELEUZE, Gilles. *A ilha deserta*. Trad. de Luiz B. L. Orlandi, Hélio Rebello Cardoso Júnior, Lia Guarino et al. Organização de David Lapoujade e Luiz B. L. Orlandi. São Paulo: Iluminuras, 2000.

___. *Lógica do sentido*. Trad. de Luiz Roberto Salinas Fortes. São Paulo: Perspectiva, 2000.

DERRIDA, Jacques. *Salvo o nome*. Trad. de Nícia Adan Bonatti. Campinas: Papirus, 1998.

DESCOLA, Philippe. *Outras naturezas, outras culturas*. Trad. de Cecília Ciscato. São Paulo: Editora 34, 2016.

___. *Para além de natureza e cultura*. Trad. de Andrea Daher e Luiz César de Sá. Niterói: Eduff, 2023.

FRANZ, Marie-Louise von. *Reflexos da alma: Projeção e recolhimento interior na psicologia de C. G. Jung*. São Paulo: Cultrix/Pensamento, 1988.

FREUD, Sigmund. *Introdução ao narcisismo, ensaios de metapsicologia e outros textos*. Trad. de Paulo César de Souza. São Paulo: Penguin/Companhia das Letras, 2010.

___. *Totem e tabu: Algumas concordâncias entre a vida psíquica dos homens primitivos e a dos neuróticos*. Trad. de Paulo César de Souza. São Paulo: Companhia das Letras, 2013.

___. *A interpretação dos sonhos*. Trad. de Paulo César de Souza. São Paulo: Companhia das Letras, 2019.

GIEGERICH, Wolfgang. *A vida lógica da alma*. Trad. de André Dantas. Petrópolis: Vozes, 2021.

GUI, Roque Tadeu; OLIVEIRA, Humbertho; BRAGARNICH, Rubens. *O insaciável espírito da época: Ensaios de psicologia analítica e política*. Petrópolis: Vozes, 2021.

GURFINKEL Décio. *Relações de objeto*. São Paulo: Blucher, 2017.

JUNG, Carl Gustav. *A energia psíquica* (OC VIII/1). Trad. de Maria Luiza Appy. Petrópolis: Vozes, 2013a.

___. *A natureza da psique* (OC VIII/2). Trad. de Mateus Ramalho Rocha. Petrópolis: Vozes, 2013b.

___. *A vida simbólica* (OC XVIII/2). Trad. de Edgar Orth. Petrópolis: Vozes, 2012a.

___. "Confronto com o inconsciente". In: JUNG, Carl Gustav. *Memórias, sonhos, reflexões*. Trad. de Dora Ferreira da Silva. Organização de Aniela Jaffé. Rio de Janeiro: Nova Fronteira, 1961.

___. *Estudos alquímicos* (OC XIII). Trad. de Dora Mariana Ribeiro Ferreira da Silva e Maria Luiza Appy. Petrópolis: Vozes, 2013c.

___. *Freud e a psicanálise* (OC IV). Trad. de Lúcia Mathilde Endlich Orth. Petrópolis: Vozes, 2013d.

___. *Memórias, sonhos, reflexões*. Trad. de Dora Ferreira da Silva. Rio de Janeiro: Nova Fronteira, 1961.

___. *O eu e o inconsciente* (OC VII/2). Trad. de Dora Mariana Ribeiro Ferreira da Silva. Petrópolis: Vozes, 2015.

___. *Os arquétipos e o inconsciente coletivo* (OC IX/1). Trad. de Maria Luiza Appy e Dora Mariana R. Ferreira da Silva. Petrópolis: Vozes, 2014.

___. *Psicogênese das doenças mentais* (OC III). Trad. de Márcia Sá Cavalcanti. Petrópolis: Vozes, 2013e.

___. *Psicologia e alquimia* (OC XII). Trad. de Maria Luiza Appy, Margaret Makray e Dora Mariana Ribeiro Ferreira da Silva. Petrópolis: Vozes, 2012b.

___. *Símbolos da transformação* (OC V). Trad. de Eva Stern. Petrópolis: Vozes, 2013f.

___. *Tipos psicológicos* (OC VI). Trad. de Lúcia Mathilde Endlich Orth. Petrópolis: Vozes, 2013g.

KAFKA, Franz. "Um relatório para uma academia". In: KAFKA, Franz. *Um médico rural*. Trad. de Modesto Carone. São Paulo: Companhia das Letras, 1999.

LARA, Fabiana; LEÃO, Thaís. *O terror de ser deixada*. MARONI, Amnéris (Org.). São Paulo: Sattva, 2021.

LATOUR, Bruno. "Como ter certeza que Gaia não é uma deusa: Com atenção ao livro de Toby Tyrrell sobre Gaia". In: DANOWSKI, Déborah; VIVEIROS DE CASTRO, Eduardo; SALDANHA, Rafael (Orgs.). *Os mil nomes de Gaia: Do Antropoceno à idade da Terra*. Rio de Janeiro: Editora Machado, 2022. v. 1.

LEM, Stanislaw. *Solaris*. Trad. de José Sanz. Rio de Janeiro: Relume-Dumará, 2003.

LOPARIC, Zeljko. *Winnicott e Jung*. São Paulo: DWW Editorial, 2014.

MARONI, Amnéris. *E por que não: Tecendo outras possibilidades interpretativas*. São Paulo: APGIQ, 2007.

___. *Eros na passagem: Uma leitura de Jung a partir de Bion*. São Paulo: APGIQ, 2007.

___. *Figuras da imaginação: Buscando compreender a psique*. São Paulo: Summus, 2001.

___. *Fotografando o invisível: Ensaios de psicanálise, cinema e literatura*. São Paulo: Intermeios, 2016.

___. *Jung: Individuação e coletividade*. São Paulo: Moderna, 1998.

___. *Jung: O poeta da alma*. São Paulo: Summus, 1998.

___. *Vestígios: Epifanias e individuações*. São Paulo: Intermeios, 2020.

MARTIN, Nastassja. *Croire aux fauves*. França: Folio, 2019.

___. *Escute as feras*. Trad. de Camila Boldrini e Daniel Lühmann. São Paulo: Editora 34, 2021.

MARTY, Emilia. "Simondon, um espaço por vir". Trad. de Carla Ferro. *Multitudes*, v. 18, outono 2014.

NIETZSCHE, Friedrich. *Além do bem e do mal*. Trad. de Paulo César de Souza. São Paulo: Companhia de Bolso, 2005.

___. *Assim falou Zaratustra*. Trad. de Paulo César de Souza. São Paulo: Companhia das Letras, 2018.

NOLL, Richard. *O culto de Jung*. Curitiba: Ática, 1996.

OTTO, Rudolf. *O sagrado*. 5. ed. Petrópolis: Vozes, 2014.

PALMEIRA, Amanda Barros Pereira; GEWEHR, Rodrigo Barros. "Existe uma *Weltanschauung* da psicanálise?". *Cadernos de Psicanálise*, Rio de Janeiro, v. 37, n. 32, pp. 63-84, 2015.

PELBART, Peter Pál. *O avesso do niilismo: Cartografias do esgotamento*. Trad. de John Laudenberger. São Paulo: N-1, 2013.

POZZOBON, Jorge. *Vocês, brancos, não têm alma: Histórias de fronteira*. São Paulo: Instituto Socioambiental, 2013.

PRECIADO, Paul B. *Um apartamento em Urano: Crônicas da travessia*. Trad. de Eliana Aguiar. Rio de Janeiro: Zahar, 2020.

REISDORFER, Ulianov. *Ciência, estética e mística: Modelos na psicologia analítica*. São Paulo: Annablume, 2012.

RICOEUR, Paul. *O mal: Um desafio à filosofia e à teologia*. Trad. de Maria da Piedade Eça de Almeida. Campinas: Papirus, 1988.

ROUDINESCO, Elisabeth. "De l'inégalité des inconscientes chez Carl Jung". *Le Monde*, n. 5, out. 2018. Disponível em: https://www.lemonde.fr/livres/article/2018/10/25/de-l-inegalite-des-inconscients-chez-carl-jung_5374272_3260.html. Acesso em: 5 maio 2025.

ROUSSEAU, Jean Jacques. *Discurso sobre a origem da desigualdade*. Trad. de Lourdes Santos Machado. São Paulo: Nova Cultural, 1997.

RUIZ, Sandra; VOURLOUMIS, Hypatia. *Formação sem forma: Caminhos para o fim deste mundo*. Trad. de Cian Barbosa e Rodrigo Gonsalves. São Paulo: sobinfluência, 2023.

SALINAS FORTES, Luiz Roberto. *Paradoxo do espetáculo: Política e poética em Rousseau*. São Paulo: Discurso Editorial, 1997.

SAMUELS, Andrew; SHORTER, Andrew; PLAUT, Bani. "Freud". In: *Dicionário crítico de análise junguiana*. Trad. de Pedro Ratis e Silva. Rio de Janeiro: Imago, 1988.

SCHILLER, Friedrich. *A educação estética do homem*. Trad. de Marcio Suzuki e Roberto Schwarz. São Paulo: Iluminuras, 2002.

SCHOPENHAUER, Arthur. *O mundo como vontade e representação*. Trad. de M. F. Sá Correia. Rio de Janeiro: Contraponto, 2007.

SCOTT, David. *Gilbert Simondon's psychic and collective individuation: A critical introduction and guide*. Edimburgo: Edinburgh University Press, 2014.

SHAMDASANI, Sonu. *Jung e a construção da psicologia moderna: O sonho de uma ciência*. Trad. de Maria Silvia Mourão Netto. Aparecida: Ideias & Letras, 2005.

SIMONDON, Gilbert. *A individuação à luz das noções de forma e de informação*. Trad. de Luís Eduardo Ponciano Aragon e Guilherme Ivo. São Paulo: Editora 34, 2005.

STEIN, Murray. *Jung e o caminho da individuação: Uma introdução concisa*. Trad. de Euclides Luiz Calloni. São Paulo: Cultrix, 2020.

STRATHERN, Marilyn. *O efeito etnográfico e outros ensaios*. Trad. de Iracema Dulley, Jamille Pinheiro Dias, Luísa Valentini. São Paulo: Ubu, 2018.

WINNICOTT, Donald W. *Explorações psicanalíticas*. Trad. de José Octavio de Aguiar Abreu. Porto Alegre: Artmed, 1994.

ZYGOURIS, Radmila. *Nem todos os caminhos levam a Roma*. Trad. de Caterina Koltai. São Paulo: Escuta, 2006.

© Editora Nós, 2025
© Amnéris Maroni, 2025

Direção editorial Simone Paulino
Editora-assistente Mariana Correia Santos
Assistente editorial Gabriel Paulino
Projeto gráfico Bloco Gráfico
Assistentes de design Lívia Takemura, Stephanie Y. Shu
Preparação Maurício Katayama
Revisão Gabriel Paulino, Mariana Correia Santos
Produção gráfica Marina Ambrasas
Assistente comercial Ligia Carla de Oliveira
Assistente administrativa Camila Miranda Pereira

Imagem de capa Jade Marra
Cachorro sonhando, 2025, 40 × 50 cm, acrílica sobre tela

Texto atualizado segundo o novo
Acordo Ortográfico da Língua Portuguesa

Todos os direitos desta edição reservados à Editora Nós
Rua Purpurina, 198, cj. 21
Vila Madalena, São Paulo, SP
CEP 05435-030
www.editoranos.com.br

Dados Internacionais de Catalogação na Publicação (CIP)
de acordo com ISBD

M354c
Maroni, Amnéris
 Cão farejador: ensaios sobre Jung e Simondon /
 Amnéris Maroni
 São Paulo: Editora Nós, 2025
 176 pp.

ISBN: 978-65-85832-83-0

1. Psicanálise. 2. Carl Jung. 3. Gilbert Simondon. I. Título.

2025-2418   CDD 150.195 CDU 159.964.2

Elaborado por Vagner Rodolfo da Silva, CRB-8/9410

Índices para catálogo sistemático:
1. Psicanálise 150.195
2. Psicanálise 159.964.2

Fontes Neue Haas e Tiempos
Papel Pólen natural 80 g/m²
Impressão Docuprint